노마드대디

노마드대디

미래의 행복을 여는 아빠들의 변신

Nomad
Daddy

지은이 **황영헌**

비전북

　　흔히들 만리장성을 인류역사의 최고의 건축물이라고 합니다. 만리장성은 평균 7.5m 높이의 길이가 2,700km에 이르며 달에서도 보일 정도라고 하니 그럴 만한 평가를 받을 만한 자격이 있다고 하겠습니다. 그러나 그토록 거대한 구축물을 쌓게 된 동기를 생각해 보면 전혀 다른 결론에 다다르게 됩니다. 왜 그렇게 많은 인력과 긴 세월을 투입해서 성을 쌓아야 했을까요? 분명 만리장성보다도 두려움의 크기가 더 컸기 때문이었으리라 생각됩니다.

　　성을 쌓았던 사람들과 성을 쌓게 만들었던 사람들은 누구였을까요? 성을 쌓았던 사람들은 자신들이 머무르는 곳을 지키고자 했지만, 성을 쌓게 만들었던 사람들은 어느 한 곳에 머무르지 않고 최적의 생존지를 찾아 끊임없이 길을 개척했던 사람들이었습니다. 노마드가 바로 그들이었습니다.

그들에게는 영하 40도 아래의 혹한이나 비 한 방울 내리지 않는 사막이 좌절을 가져올 만한 걸림돌이 되지 못했습니다. 전혀 알지 못하는 외부 세계가 두려움을 주지 못했고 수적 열세나 대륙에 걸친 긴 거리가 그들의 진취성을 결코 억누르지 못했습니다.

《노마드대디》의 저자 황영헌은 우리의 자녀들을 성을 쌓게 만들었던 사람들처럼 키우고자 합니다. 그는 우리 아이들을 엄마의 품속에서 나와 거친 벌판으로 달려갈 수 있는 의지와 용기를 가진, 그러면서도 연대와 배려의 자세를 함께 갖춘 인간으로 만들어야 한다고 말합니다. 그리고 이를 위해 거친 삶을 살아가고 있는 아버지가 자녀와 함께 자신의 삶을 공유하고 세상을 살아가는 지혜를 전수해야 한다고 주장합니다. 그의 주장과 같이 우리는 이제 고기를 잡아 주기보다는 고기를 잡는 방법을 가르치고 더 나아가 고기를 잡으려는 의지와 열정을 가르쳐야 합니다.

과학기술의 발전으로 평생직장이라는 개념은 사라진 지 오래고 오늘 배운 지식이 내일이면 사장되는 세상입니다. 매일매일 뒤바뀌는 환경 속에서 자녀들에게 몇 가지 단편적인 지식을 전수하기보다는 변화에 적응할 수 있는 태도와 자세를 물려주어야 하지 않겠습니까? 그리고 기성세대도 스스로의 성에 안주하다가 거기에 갇혀 있지는 않은지 돌이켜 봤으면 합니다.

이러한 성찰에서 비롯된 저자의 참신하고도 명쾌한 제언은 읽는 내내 진한 감동과 깨달음을 주었습니다.

한때 벤처기업의 대표이사였으며, KT에서 다년간 신기술을 개발해 온 임원으로서, 그리고 창조경제타운 단장으로서 활동하면서 정보통신기술의 파괴력에 대해 누구보다 전문적인 지식을 가진 저자가 분주한 삶 속에서 자녀와 후대를 위한 교육에 많은 관심을 가지고, 새롭게 도전하는 이 책이 많은 부모와 교육 전문가들에게 큰 반향을 일으키리라고 생각합니다. 그리고 마땅히 그래야 합니다.

거친 미래를 대비하기 위한 건강한 아빠, 노마드대디들 그리고 그들과 함께하는 노마드키드들의 힘찬 행진에 건투를 빕니다.

신상민_전 한국경제신문 대표이사

무섭게 바뀌는 세상에 적응하지 못해 정신적으로 어려움을 겪는 사람들이 자꾸만 늘어나고 있습니다. 저자의 말처럼 아빠의 손을 잡고 변화하는 환경 속으로 뛰어들어야 합니다. 급변하는 환경을 즐길 수 있는 자만이 미래의 승자가 될 수 있을 것입니다.

전작인 《집 나간 아빠를 찾습니다》에 이어 이 책이 많은 가정에 많은 도움을 줄 수 있으리라 확신합니다.

신영철_강북삼성병원 기업정신건강연구소 소장, 정신건강의학과 전문의 자녀들을 향한 환경의 변화가 거셉니다. 거친 환경을 극복해 내는 지혜와 훈련이 필요할 때입니다. 이럴 때일수록 순종과 감사의 마음이 기본이 되고, 거친 세상에 도전할 수 있는 자질과 역량을 갖추어야 합니다.

성품 교육을 하면서 엄마의 역할도 중요하지만, 교육 현장에서 책임 있는 아빠의 중요성을 절감합니다.

노마드 시대에 필요한 노마드대디를 염원하는 저자의 바람이 큰 물결이 되어 이 나라의 교육환경에도 큰 변화가 있기를 바랍니다.

이영숙_ (사)한국성품협회 좋은나무성품학교 대표, 교육학 박사

점차 좁아지고, 가까워져 가는 세상 속에서 우리는 변화무쌍, 예측 불가, 불확실성, 복잡 다양성, 치열한 경쟁으로 표현되는 노마드 시대를 살아가고 있습니다. 정주민 시대의 아버지가 아닌 노마드 시대의 아버지, 즉 노마드대디로서 이제는 자녀들이 세계라는 들판을 자유롭게 달릴 수 있도록 양육해야 합니다.

저자는 자신의 체험을 통해 얻은 지혜와 탁월한 통찰력과 분별력으로 노마드대디의 역할과 기능을 설명하고 있습니다. 읽기 쉽고, 아주 깊은 감동을 줄 뿐만 아니라, 실제적인 행동의 지침을 주는 책입니다. 이 시대를 살아가는 모든 아버지, 아니 부모님들에게 권하고 싶습니다.

김성묵_(사)두란노아버지학교 상임이사

《집 나간 아빠를 찾습니다》를 출간한 지 얼마 지나지 않아 다시 《노마드대디》를 기획하게 되었습니다. 지난 5월 첫 책의 원고를 탈고할 무렵 창조경제타운 단장으로 임명되었고, 창조경제와 관련한 다양한 활동을 하면서 지난 책에서 적은 비중으로 취급되었던 노마드에 대해 보다 자세히 기술할 필요성을 느꼈기 때문입니다.

　"집 나간 아빠를 찾는" 전작을 읽은 많은 분이 큰 공감을 표시해 주었습니다. 교육에 있어서 아빠의 중요성은 아버지학교와 같은 아버지 교육 프로그램들에 몰려드는 아빠들만 봐도 알 수 있습니다. 그런데 아쉬운 점은, 시대는 노마드라는 키워드를 향하여 달리고 있는데, 아빠에 대한 담론은 아직도 정주민 시대의 아버지상을 회복하는 데 있다는 것입니다.

　쓰나미처럼 밀려드는 정보통신기술, 시시각각 돌변하는 기업의 환경에서 아빠의 역할이 더욱 적극적으로 바뀌어야 할 필요가 있습니다. 우리는 노마드 시대를 살고 있습니다. 이제 아빠와 엄마는 노마드대디와 노마드맘이 되어야 합니다. 특히 자녀를 드넓은 들판으로 인도할 노마드대디의 존재부각이 더욱 중요하다는 판단이 들었습니다.

타이거대디도 스칸디대디도 아닌 새로운 대디가 필요한 시점입니다. 이제 여러분을 노마드대디의 길로 초대하고자 합니다. 미래를 힘차게 열어가는 멋진 도전에 많은 아빠들의 참여를 권합니다. 자녀들과 함께 손잡고, 큰 대오를 이루어 미지의 세계를 향해 거대한 진군을 하길 요청합니다.

막상 원고를 마무리하려고 하니 아쉬움이 많이 남습니다. 추후 노마드대디의 삶에 대한 실증적인 예시와 연대에 대한 구체적인 방안에 대해서 보강할 생각입니다.

책을 잘 마무리해 준 편집팀과 발간을 허락해 주신 박종태 사장님께 진심으로 감사의 마음을 전합니다. 이 책을 기술함에 있어 많은 영감을 준, 창조경제의 성공을 위해 열의를 불태우는 우리 창조경제타운 직원들과 많은 회원들 그리고 창조경제혁신센터 등 창조경제의 주역들에게도 고개 숙여 감사의 마음을 전합니다.

마지막으로 노마드키즈를 넘어 이제 노마드의 삶을 살며, 나의 선택이 옳았음을 증명해 가고 있는 자랑스러운 규준, 다솜, 규승, 그리고 거친 노마드대디의 부족한 부분을 채워 주는 지혜로운 노마드맘, 아내에게 뜨거운 사랑을 전합니다.

2015년 12월

황영헌

추천의 글
감사의 글

프롤로그   세계라는 들판을 달리자   19
    달라진 세계, 마을이 아니라 들판이다 ▪ 난민이 될 것이냐 노마드가 될
것이냐 ▪ 신인류 노마드, 새로운 자유를 누리다

Ⅰ 노마드 시대, 아빠의 변신

1   노마드 시대의 법칙, 달린 만큼 세상이 넓어진다   32
세상은 끊임없이 변화를 요구한다 ▪ 게르만족 대이동을 능가하는 인류
의 이동 ▪ 노마드는 태어나지 않고 만들어진다

2   노마드 시대엔 노마드대디   42
엄마의 사랑에 아이가 질식한다 ▪ 아빠가 집으로 돌아와야 한다 ▪ 아이
를 말에 태우고 들판을 달리는 노마드대디

3   노마드대디는 어떤 사람인가   54
스킨십을 잘하면서도 엄격하다 ▪ 소통에 능한 교육가다 ▪ 앞서 나아가
고 함께 나아간다 ▪ 믿고 내보내고 기꺼이 연대한다

Ⅱ 노마드대디의 전략 1

0 | 기본에서 시작하자   76

마음은 따뜻하게 몸은 수더분하게 ▪ 사람에 대한 배려, 음식에 대한 배려 ▪ 예의 교육은 호되고 따끔하게 ▪ 정리정돈은 필요조건 ▪ 역경과 유혹을 이겨 내는 힘, 자존감

1 | 소통이 지경을 넓힌다   108

가족과 친척은 사막의 오아시스 ▪ 친구를 통해 자신을 본다 ▪ 선생님은 무조건 옳다 ▪ 어른들은 또 다른 아빠, 엄마 ▪ 소통의 크기를 키워 주는 외국어 ▪ 음악은 세계 공통 언어

2 | 적응을 잘하면 삶이 즐거워진다   128

집을 떠나야 적응력을 키울 수 있다 ▪ 자세히 보면 예쁨을 발견한다 ▪ 자연이 주는 큰 위로 ▪ 역경을 이기게 만드는 힘, 가치 ▪ 부모의 역할은 한시적

III 노마드대디의 전략 2

3 도전 정신이 없으면 달릴 수 없다   152

청소년은 더 이상 노마드키즈가 아니다 ▪ 대문을 박차고 나가라 ▪ 힘든
과업에 도전하고, 실패를 즐겨라 ▪ 경제관념은 일찍 가르칠수록 좋다 ▪
홀로 떠나는 노마드키즈 ▪ 스스로 결정하는 노마드키즈

4 실력을 갖추면 어디서든 환영받는다   176

배움의 기본은 존경이다 ▪ 실수를 허용하고 평균 점수를 포기한다 ▪
스스로 즐겨야 진짜 실력이 된다 ▪ 책을 벗어나면 더 많은 것을 배운다 ▪
성적보다 건강과 행복이 중요하다

5 감사하는 마음이 오래 달리게 한다   198

나의 존재 자체가 감사다 ▪ 자연을 감사하는 사람은 행복한 사람 ▪ 소명
의식이라는 엔진 ▪ 냉소적인 시각은 감사를 앗아간다 ▪ 영원을 꿈꾸는
일은 멋지다

에필로그

아빠가 자녀를 세상에 던질 수 있다   221

엄마는 할 수 없지만 아빠는 할 수 있는 것 ▪ 말 위에서 꾸는 노마드대디
의 꿈 ▪ 노마드대디는 연대하여 달린다

프롤로그 -
세계라는
들판을 달리자

날마다 새로운 세상이다. 변화 속도가 얼마나 빠른지 정신을 차릴 수 없다. 정보기술은 급속히 발전하고 있고, 비즈니스계의 지형地形은 하루가 다르게 바뀌어 간다. 수년 동안 황금알을 낳는다고 믿어져 왔던 사업 분야가 순식간에 사라지고, 어제까지 잘나가던 회사가 한순간에 사라지는 일 또한 다반사다. 경영을 잘못해서가 아니라 급속히 변화하는 세상에 제대로 적응하지 못해서 회사가 어려움에 처하는 경우가 더욱 많아졌다. 심지어 잘나가던 국가도 이런 이유로 급격한 경제 위기 속에 빠지기도 한다.

우리는 예측 불가능한 시대를 살고 있다. 세상의 변화 속도는 점점 더 빨라지고, 그 크기 또한 커질 것이다. 끊임없이 몰아치는 변화의 거대한 물결은 우리 안의 불안을 날로 증폭시킨다. 쉴 새 없이 몰아치는 변화의 격랑에 어떻게 대응해야 할까? 용케 거친 물살을 탄다고 해도 급한 소용돌이와 갑자기 나타나는 거대한 돌출물과 곳곳에서 맞부딪힐 텐데 어떻게 대처해야 한단 말인가.

변화의 물결은 세대마다 각기 다른 영향을 미친다. 기성세대에게는 선택권이 있는지도 모르겠다. 변화는 무시하고 이제껏 살아온 과거 방식대로 살기를 고집할 수도 있고, 변화의 물결에 몸을 던져 악착같이 적응할 수도 있다. 그러나 젊은 세대는 어떠한가? 그들에게는 선택의 여지가 없다. 고집할 과거가, 구축해 온 유업이 없기 때문이다. 선택의 여지없이 밀려오는 물결을 고스란히 받아들여야 한다.

달라진 세계,
마을이 아니라 들판이다

오늘날 ICT Information and Communications Technology로 약칭되는 정보통신기술의 변화는 가히 상상을 불허한다. 뿐만 아니라 새로운 생산기술과 소재 기술들이 발명되고 있고, 전에는 알지 못했던 두뇌에 대한 새로운 사실들이 발견되면서 과거에 상상조차 할 수 없었던 많은 새로운 제품과 서비스들이 출시되고 있다. 이 모든 것들이 우리 삶을 바꾸어 가고 있다.

인터넷이 정보에 대한 개념을 완전히 새롭게 바꾸었으며, 세상에 모습을 드러낸 지 불과 십 년도 채 안 된 스마트폰이 생활양식뿐 아니라 사업방식까지 송두리째 바꾸어 놓았다. 애플, 구글, 아마존, 페이스북, 우버, 테슬라, 샤오미 등 이름을 열거하기에도 버거운 신기술을 기반으로 한 세계적인 기업들은 불과 한 세대 전만 해도 상상할 수조차 없었다. 가까운 미래에 로봇의 사용이 보편화될 것이고, 3D프린터, 무인비행기 드론drone, 전기자동차, 머신러닝machine learning•, 등은 이미 우리 삶에 발을 들여놓았다.

이러한 변화는 작은 시작에 불과하다. 곧 '무인' 과학기술이 지배하는 시대가 도래할 것이다. 구글의 공동창업자 세르게이 브린Sergey Brin은 구글에서 가장 박식하고 능력이 뛰어난 엔지니어들을 모아 구글엑스Google X라는 비밀프로젝트 팀을 직속 조직으로 만들었는데, 이곳에서 무인자동차의 상용화를 추진하고 있다.

바다에서도 무인선박이 항해를 준비하고 있다. 유럽연합EU은 정보 네트워크를 이용한 무인선박 항법인 뮤닌Munin 프로젝트에 480만 달러를 투자했고, 미

• 방대한 빅데이터 기술에서 한 단계 진보한 형태. 인공지능의 한 분야로 기계가 학습해 스스로 성능을 개선하는 것을 가리킨다.

국 해군은 방위산업체기업인 텍스트론시스템스Textron Systems에서 개발한 무인함을 이미 네 척이나 보유하고 있다. 상업화되는 것은 시간문제라고 할 수 있다.

그뿐만 아니라 세계 최초 인터넷서점으로 시작하여 이제는 거대한 종합쇼핑몰이 된 아마존은 드론을 이용한 무인택배 서비스 '프라임에어Prime Air'를 선보일 예정이다. 이에 질세라 미국 최대 할인매장인 월마트가 무인택배 서비스를 준비하고 있다. 인간이 활동할 수 있는 모든 공간, 즉 땅과 하늘과 바다에서 무인시스템이 도입되고 있는 것이다.

그뿐인가. 뇌과학, 생체공학, 유전자조작 기술 등이 더욱 큰 위력을 발휘하게 되는 날 우리는 과거 공상과학 영화에서나 보았던 세계로 들어서게 된다.

과거 수백, 수천 년 동안 있었던 변화가 이제는 불과 수십, 수년 동안에 일어난다. 일평생 생활환경이 거의 변하지 않았던 과거에 비해 우리는 한순간도 동일하지 않은, 상상을 초월할 정도로 큰 변화를 겪으며 살아가야 한다. 게다가 의술과 과학의 발달로 수명이 놀랍게 연장되고 있으니, 우리가 겪어야 할 변화의 크기와 빈도도 그만큼 엄청나게 증가할 수밖에 없다.

피터 글루크먼Peter Gluckman과 마크 핸슨Mark Hanson은 공저 《문명이 낯선 인간》에서 "길어진 수명으로 인해 환경의 변화와 여성의 난자에 저장된 유전 정보가 서로 어긋남으로써 (아기는) 변화된 환경에 적응하기 어려운 상태로 세상에 태어난다"고 말했다. 문명에 의한 환경 변화가 지나치게 빨라서 인간의 신체

적응 능력이 미처 따라잡지 못한다는 얘기다. 익숙한 환경에서 살다가 전혀 새로운 환경에 노출되게 되면 누구나 신체적으로, 정신적으로 엄청난 스트레스를 받게 된다. 우리는 일평생 이러한 스트레스를 거듭 겪으면서 살아야 한다.

영국을 대표하는 공상과학소설 SF 작가 아서 C. 클라크Arthur C. Clarke는 1945년 '지구촌global village' 개념을 창안하였으며, 통신과 교통수단의 발달로 인해 전 세계는 하나의 마을과도 같이 여겨져 왔다. 마을의 미래는 예측이 가능하다. 공동체의 합의에 따라 커다란 변화의 방향을 결정하고, 공동체의 의사를 통해 중요한 새로운 일들을 도모하기 때문이다. 그러나 이제 세계는 더 이상 마을이 아니다. 기술의 변화는 우리의 동의를 구한 적이 없다.

21세기의 세계는 거친 들판field이다. 매 순간 예측하지 못한 일이 발생하는 거친 공간이다. 갑자기 나타난 민족에 의해 새로운 국가가 세워지고, 어느 순간 새로운 기병 부대가 먼저 있던 나라를 쓰러뜨린다. 이로 인해 얼마 전까지 유효했던 이정표가 어느새 아무 의미가 없어지기도 한다. 실제로 몽골고원에 세워졌던 그 많은 국가들은 시기도 국경도 제대로 그리기 힘들다. 보이지도 않는 길을 만들어 나가며, 어제까지 아무것도 없던 들판에 거대한 게르Ger•의 군집이 들어선다. 비어 있는 듯하지만 어느새 가득 차고, 가득 찬 것 같지만 순식간에 공허해지기도 한다.

• 유목민의 이동 천막

난민이 될 것이냐
노마드가 될 것이냐

지구촌이라는 개념에는 급속한 변화에 대한 반영이 별로 보이지 않는다. 지구촌 개념이 폐기되고, 세상을 들판으로 인식한 순간 정주민 settler 은 더 이상 의미가 없어졌다. 나는 그대로 있다손 치더라도 내가 살아가는 세상이 순간순간 다른 세상으로 바뀌기 때문이다. 또한 스마트폰 하나로 전 세계 누구와도 소통할 수 있으며 시공간을 초월하여 여행할 수 있는 세상이 되었다.

현대를 살아가는 우리는 변화를 피할 수 없다. 변화를 어떻게 받아들이고, 어떻게 적응해야 할까. 삶의 전략은 어떻게 세워야 하는가. 변화를 수용하는 태도에 따라서 크게 두 가지로 나뉜다. 난민 refugee 이 되든지 아니면 노마드 nomad • 가 되어야 한다.

1966년 미국 샌프란시스코에서 일어난 히피 hippie 운동은 뉴욕, 워싱턴을 넘어 유럽에까지 퍼져 나갔다. 1960년대 젊은이들은 물질문명이 인간성을 말살시키고, 국가와 사회 제도가 개인의 자유를 억압한다며 분노를 터뜨렸다. 대신 자유와 사랑을 추구하며 자연과 자기 자신을 사랑하기 위해 반전 운동, 인종차별 정책에 저항했다.

• 유목민이란 뜻의 라틴어. 정주민의 상대적인 개념으로 유동민으로 번역하는 것이 옳지만 본문에서는 필요한 경우 유목민으로 옮겼다.

이들처럼 오늘날에도 현대사회의 변화 속도가 너무 벅차서 또는 과학기술의 급격한 발달이 싫어서 문화적 난민이 되기를 선택하는 사람들이 있다. 이들은 자연으로 돌아가 자급자족하는 공동체를 이루거나 외부와의 소통을 끊고 자발적으로 고립된 채 생활하기도 한다.

그러나 유랑하는 난민들조차 문명과 완전히 차단되어 살지는 않는다. 2015년 9월 터키 보드룸 해변에서 잠자는 듯 엎드린 채 발견되었던 세 살배기 아기의 시신 사진이 전 세계를 울린 적이 있다. 아일란 쿠르디라는 이름의 시리아 난민 어린이였다. 많은 난민들이 심각한 내전과 무장 단체 이슬람국가IS의 무자비한 폭력을 피해 시리아를 떠났다. 유럽연합EU 국경관리기구인 프론텍스Frontex는 2015년 9월까지 유럽으로 불법 입경한 난민의 수가 63만 명에 달한다고 밝혔다. 난민들은 스마트폰을 이용해 이주 경로와 교통, 숙박 시설, 물가 등의 정보를 실시간으로 공유했다. 바닷길을 이용해 유럽으로 건너가는 난민에게는 현재 위치와 이동 경로에 대한 파악이 중요한데 스마트폰의 GPS · 가 매우 유용했다. 어떤 난민은 "스마트폰이 없었다면 결코 목적지에 도착하지 못했을 것"이라고 말한다. 이처럼 난민에게조차 정보통신기술은 식수만큼이나 필수적인 것이다.

알제리 출신의 프랑스 석학 자크 아탈리Jacques Attali는 2005년, 저서 《호모 노마드》에서 인류 미래 문명의 모델로 노마드를 제시했다. 이때 노마드는 '발붙

· 위성위치확인시스템

일 곳 없는 부랑자'가 아니라 '자유롭게 옮겨 다니는 창조적 인간'을 뜻한다. 일정한 거주지 없이 전 세계를 무대로 직업이나 프로젝트를 따라 거처를 옮겨 다니는 현대판 유목민이다. 이들은 자유롭고 창조적인 사고방식을 하며, 네트워크를 활용할 줄 안다고 설명한다.

노마드가 철학적인 의미를 갖게 된 것은 1968년 프랑스의 철학자 질 들뢰즈Gilles Deleuze가 《차이와 반복》에서 언급한 때부터다. 그는 울타리 없이 방목하듯 사유하는 것을 노마드의 세계라고 보았다.

우리는 선택해야 한다. 변화무쌍한 세상에서 떠밀리듯 피하여 난민처럼 살 것인지 아니면 울타리를 거부하고, 자유롭게 다니는 창조적인 노마드가 되어 살 것인지…….

신인류 노마드,
새로운 자유를 누리다

세계라는 들판을 자유로이 달리는 사람들이 바로 노마드다. 오늘날 언급되는 유목민 또는 유동민이란 뜻의 라틴어 노마드는 목축을 하기 위해 이리저리 옮겨 다니는 사람들이 아니다. 옛날 유목민은 살아남기 위해 거주지를 옮겨 다니고, 보다 나은 삶을 누리기 위해 먼 거리를 이동해야 했다. 오늘날 노마드는 정보통신의 급속한 발달과 예측할 수 없는 사회의 변화가 가져온 결과물이다.

역사상 대표적인 유목민인 칭기즈칸Chingiz Khan의 몽골은 평화 시에는 정주민과의 교역을 통해 상호 이익을 도모하거나 정보를 교류했지만, 전쟁 시에는 놀라운 순발력과 무시무시한 공격력으로 주변 국가들을 떨게 만드는 약탈자가 되곤 했다. 11~12세기 세계를 풍미했던 노마드가 21세기에 새롭게 재등장한 것은 매우 흥미로운 일이다.

현대사회에서 스마트폰, 노트북을 소지하고 다니면서 사무실이라는 한 공간에 머물지 않고 거처를 옮겨 다니면서 일하는 도시의 20~30대 젊은 층을 디지털 노마드족이라고 부른다. 오늘날은 젊은 층뿐 아니라 거의 모든 세대가 첨단기술의 혜택을 누리며 살아가고 있다.

센서가 장착된 스마트 기기와 웨어러블 기기wearable device•를 이용해 IOT••, 즉 사물인터넷으로 자유롭게 정보를 주고받으면서 일하는 현대인은 과거와는 비교가 안 될 정도의 업무 효율을 보인다.

수만 권의 장서를 자랑하던 도서관이 전자책의 위협을 받는 시대다. 다양한 지식을 두뇌에 축적함으로써 전문가 대접을 받으며 편하게 살아가던 사람들이

• 스마트워치, 스마트안경, 스마트팔찌 등 몸에 부착하는 기기들
•• Internet of Things, 생활 속 사물들을 유무선 네트워크로 연결해 정보를 공유하는 환경

스마트기기를 이용하여 신속하면서도 훨씬 정확하고 풍부한 자료를 제시하는 사람들에게 밀려나고 있다. 과거 유라시아의 많은 국가와 민족들이 몽골족에게 무릎을 꿇었던 것처럼 오늘날의 디지털 세계에서도 정주민은 노마드에 의해 설 곳을 잃어 가고 있다.

21세기 신인류 노마드는 시간과 장소에 구애받지 않고 외부와 접속할 수 있으므로 일정한 직장과 주소에 얽매이지 않고 자유롭게 창조적으로 살아갈 수 있다. 첨단 IT기술을 이용하여 자신이 필요한 정보를 찾고 제공하는 쌍방향 커뮤니케이션을 기반으로 개인 생활과 사회생활을 이루어 나갈 것이다.

바야흐로 세계라는 들판을 자유롭게 내달리는 신인류 노마드의 시대가 도래했다.

I

노마드 시대, 아빠의 변신

1

노마드 시대의 법칙,
달린 만큼 세상이 넓어진다

예전 시대에는 한 번 농부는 평생 농부, 한 번 장인은 평생 장인이었으며, 심지어 한 가문에서 같은 일을 대를 이어 계속하기도 했다. 그러나 지금은 어떠한가? 일평생 전공을 살려서 살아가기도 쉽지 않은 시대가 되었으며, 심지어 대학을 다니는 4년 동안에도 세상은 변덕스럽게 제멋대로 변화한다. 입학할 때 경쟁률이 높았던 인기 학과가 졸업할 때쯤이면 취업을 고민해야 할 정도로 비인기 학과가 되어 있기도 하며, 입사한 지 얼마 되지 않아 회사가 문을 닫는 일도 빈번하다. 정규직, 비정규직의 구분 또한 의미가 없어져 가고 있다. 안타깝게도 평생직장은 이제 꿈도 꿀 수 없다.

세상은 끊임없이
변화를 요구한다

불안정할 정도로 변화와 부침이 심한 기업 환경 탓에 대략 5년에 한 번씩은 직장을 바꿔야 하는 것 같다. 과학기술의 발전이 직업의 종류를 바꾸고 있다. 많은 것들이 디지털화되면서 수많은 직업들이 사라져 가고 있다. 또한 자동화된 공장에는 더 이상 생산 인력이 필요 없어지고, 무인자동차의 운행과 무인배송 시스템의 구축이 유통업계에서 사람들을 몰아내고 있다. 빅데이터Big Data • 는 과거 전문가들의 직관이나 지식에 의존하던 많은 분야의 일들이 전문가 대신 컴퓨터를 훨씬 선호하게끔 만들었다.

심지어 호텔, 백화점 등에서 손님을 안내하고 접대하는 일까지 로봇이 대신하는 경우가 있고, 노인들의 대화 상대로 로봇이 활용되기도 한다. 컴퓨터가 감정의 영역까지 침범하는 것은 시간문제로 보인다. 물류기술, 소재기술, 3D 프린터로 설명되는 제조기술의 발달 또한 새로운 강자의 출현을 알리기도 하지만 그보다는 패자를 훨씬 더 많이 생산해 내고 있다. 회사에서는 급변하는 환경에 적응하기 위해 직원들에게 지속해서 직무를 바꿀 것을 요구한다.

한 회사에서 근속하더라도 완전히 다른 직무로 바뀌는 경우도 자주 있으니 평균 5년에 한 번은 직장을 바꾼다는 나의 설명에 반박할 사람은 별로 많지

• 디지털 환경에서 생성되는 문자와 영상까지 모두 포함하는 대규모 데이터. 사람들의 행동은 물론 위치 정보와 SNS를 통해 생각과 의견까지 분석 및 예측이 가능하다.

않을 것이다.

반면 수명이 길어지면서 일을 해야 하는 기간은 길어지고 있다. 25세에 첫 직장을 가진 후 70세까지 일한다고 하면, 45년간 아홉 개의 일 또는 일자리를 가져야 한다. 평생 아홉 번이나 새로운 환경에 적응해야 하고, 새로운 사람들과 마음을 맞추어야 한다니 참 어색하고 불편한 세상이 되어 버렸다.

나는 결혼한 후에 무려 열 번이나 이사를 다녔다. 태어나서 지금까지 이사한 횟수를 다 합치면 스무 번 정도 된다. 직장 때문에, 전세 또는 월세 때문에, 식구가 늘어서, 아이들의 교육을 위해, 새집을 사서, 더욱 나은 생활환경을 찾아, 살던 집이 재개발하게 되어서…… 등등. 이사의 이유는 수도 없이 많다. 서울 같은 대도시의 경우, 아마도 많은 사람들이 평생 열 번 이상은 이사를 경험해 볼 것이다.

세상은 이처럼 사람들이 한곳에 진득하게 안주하도록 놓아두지를 않고 끊임없이 변화하라고 움직이라고 부추긴다.

게르만족 대이동을 능가하는 인류의 이동

통신 발달과 정보 공유로 다른 문화권에 대한 두려움이 많이 사라지고 있으며, 교통수단의 발달로 과거에는 상상하기 힘들었던 지역으로의 이주가 한결 쉬워졌다. 삶의 터전을 옮기는 일이 이전처럼 어렵거나 거북하지 않게 된 것이다.

오늘날 수많은 사람들이 태평양, 대서양을 건너서 오가거나 아예 이주하기까지 하고 있다. 그 규모를 보면 4세기 게르만족이 훈족을 피해 로마제국의 영토 안으로 대이동한 것과 견줄 수 있을 정도다. 그러나 이동 거리를 보면 현대인들이 게르만족보다 훨씬 더 먼 거리를 이동하고 있다. 게르만족은 기껏해야 유럽 내에서 이동했지만, 현대인들은 대륙을 넘나들고 있기 때문이다.

굳이 비행기를 타지 않아도 자가용 운전자들의 일 년 주행거리는 대개 일만 킬로미터가 넘는다. 대중교통을 이용한 이동 거리까지 포함하면 대부분의 사람들이 일 년 동안 수만 킬로미터를 이동하는 셈이 된다.

먼 곳으로 주거지를 옮길 경우에는 가옥 구조나 생활환경이 이전에 살던 조건과 달라지는 경우가 많다. 국경을 넘거나 아예 다른 대륙으로 옮긴다면 그 변화는 판이할 것이다. 일단 주변에서 만나는 사람들이 바뀌고, 매일 접하는 언어가 달라지고 문화 또한 크게 다를 것이다. 수백 년 전만 해도 평생 한 번도 만나지 못했을 것 같은 외국인들 틈에서 살게 되는 경우도 있다.

익숙했던 환경을 떠나 생소한 곳에 내던져지는 경험은 대부분 사람들에게 불안한 일일 수밖에 없다. 유쾌할 수 없는 일이지만 피할 수도 없는 것이 현실이다.

이제는 세계 여느 나라와도 교류가 가능하고 국경의 문턱이 크게 낮아져 이주가 훨씬 쉬워졌다. 이주를 '자본과 노동의 이동'이 아니라 '인간과 문화의 흐름'으로 이해할 필요가 있다. 인류 사회는 원래 그렇게 교류하고 융합하면서 발전해 오지 않았던가.

그렇다면 왜 굳이 정주를 포기하고 노마드가 되어야 하느냐고 물을 수 있다. 그 대답은, 정주민 사회에는 더 이상 미래가 없기 때문이다. 변화의 물결을 타지 못한 채 정체하다가는 도태되고 만다.

원하든 원치 않든 상관없이 다가와 버린 노마드 시대에 성공적으로 살아남고, 나아가 새로운 기회를 발견하여 시대의 승자가 되려면 어떻게 해야 할까? 어느새 다가와 버린 노마드 세상에서 우리는 사회의 미래를 위하여 어떤 전략을 취해야 할까?

노마드는 태어나지 않고
만들어진다

노마드 세상에서의 최고 전략은 당연히 우리 스스로가 노마드가 되는 것이다. 물론 정주민으로 태어나고 자란 부모 세대까지 타고난 노마드가 될 수는 없지만 이제 새롭게 자라나는 청소년들은 뼛속까지 노마드로 자라야 한다. 그러니 노마드로 태어나지 않은 부모 세대도 자녀들은 노마드로 자라도록 해야 한다.

20세기가 끝나갈 무렵인 1995년 〈워싱턴포스트〉가 〈지난 1천 년 인류 역사에서 가장 위대한 사건〉이란 제목의 기사에서 '칭기즈칸의 출현'을 최고의 사건으로 꼽았다.

> "칭기즈칸과 그의 후손들은 유라시아 대륙에 광대한 자유 무역 지대를 만들어 냈고, 동서양 문명의 연결을 강화했다. 이는 중세의 GATT 체제라 할 수 있다. 그들은 이미 인터넷이 발명되기 7세기 전에 이미 전 세계적 커뮤니케이션을 개척해 놓았다. 그는 사람과 기술을 이동시켜 세계를 좁게 만든 인물이다."

이것이 칭기즈칸의 출현을 20세기 최고의 사건으로 선정한 이유였다. 앞날을 예측할 수 없는 환경에서도 유라시아 대평원을 누비며 호기로움을 잃지 않았던 노마드, 세계를 달리다가 전혀 생소한 민족들을 만나도 그들에게서 새로운 문화를 기꺼이 배우던 노마드, 때로는 전쟁을 벌이기도 하지만 거래를 통해 문화 교류를 했던 노마드, 칭기즈칸이 이끈 몽골은 그러한 노마드였다. 그들은 가뭄과 기근을 피해 과감히 먼 곳으로 떠나기를 주저하지 않았다. 격랑 가운데 있는 현대사회는 이런 노마드적 생활양식과 태도를 요구한다.

불행한 사람은 미래를 꿈꿀 수 없다. 결혼도 할 수 없고, 자녀도 가질 수 없다. 친구를 사귈 수도 없고, 자기 자신을 사랑할 수도 없다. 그런 사람은 모든 것을 포기할 수밖에 없다. 오늘날 삼포, 오포, 칠포, 급기야 올포 내지 N포 세대라고 불리는 청춘은 노마드 시대에 노마드가 되지 못한 슬픈 인생들이다.

분명한 것은 태어날 때부터 노마드인 사람은 없다는 것이다. 결국, 노마드로 자라야 한다. 그렇다면 이제 질문을 바꾸어 보자. 어떻게 해야 노마드로 자랄 수 있을까?

제일 먼저 엄마의 따스한 품을 떠나야 한다. 안락한 실내를 벗어나며, 익숙한 집을 떠나야 한다. 박제된 지식을 전하는 학교를 떠나고, 활자로 고정된 정보를 담은 책을 집어 던져야 한다. 잠깐, 이 책을 집어 던지라는 말은 아니다. 그리고 책을 보지 말라는 말도 아니다. 책을 통해 노마드 세상에 대해 이해를 해야 하지만 정작 필요한 것은 삶을 통해 그 이해를 검증하고, 몸으로 체화하는 것이라는 뜻이다. 그러니 이 책은 끝까지 읽길 권한다.

정들고 안전한 공간을 떠난 다음에는 선배 노마드의 뒤를 따라가야 한다.

선배 노마드가 누구인가? 바로 한 가정의 가장이자 복잡하게 변화하는 현대사회의 요란한 물결을 한 몸에 받으며 살아가고 있는 아빠다.

몽골의 풍경을 그려 본다. 이제 제법 걸음마를 마친 아이는 아빠의 품에 안겨 말을 탈 것이다. 아빠와 같은 방향을 보며, 아빠와 같은 움직임을 느끼며 노마드의 세계로 들어설 준비를 했을 것이다. 그런 다음 아빠와 아이가 나란히 두 마리의 말에 오른다. 처음에는 잘 길들여진 작은 말의 등이다. 어린아이는 말 등에 올라타서 말의 등 곡선을 느끼고, 가벼운 발걸음의 움직임을 느낀다. 귓전을 스치는 바람 소리를 들으며 말의 힘찬 질주를 느껴 보기도 한다.

이제 아빠와 함께 마을을 떠나 처음 접하는 생소한 환경으로 나아가야 한다. 그리고 함께 움직일 때 자기가 어떤 위치에 있어야 하고, 어떠한 일을 해야 하는지 배워야 한다. 아빠가 날린 화살이 사슴의 몸을 깊이 파고들었다. 아이는 달려가 숨이 아직 붙어 있는 사슴을 끌고 돌아온다. 아빠가 해체하여 잘라 주는 고기를 피가 뚝뚝 떨어진 채로 받아먹기도 한다.

만약 아빠의 말을 듣지 않고 혼자 행동한다면 엄한 호통이 떨어질 것이다. 왜냐하면 노마드에게 있어 훈련되지 않고 행하는 섣부른 행동은 자칫 큰 위험을 부를 수 있기 때문이다. 그 위험은 때로 개인에게뿐 아니라 집단에게도 큰 피해를 줄 수 있기 때문이다.

이제 아이는 들판을 달리며 추위와 무더위를 경험하고, 굶주림과 갈증을 견디는 훈련을 한다. 하늘과 주변 자연을 둘러보며 방향을 찾는 법을 배우고, 주위 지형지물을 이용하여 집으로 돌아오는 법을 익혀야 한다. 말 옆에 몸을 바짝 붙인 채 적의 화살을 피하는 연습을 해야 하고, 달리는 말을 타고 화살을 쏘는 훈련도 해야 한다. 사냥한 동물을 해체하고, 부위별로 적절하게 처리하는 방법을 배우고 나무와 마른 풀만으로도 불을 지필 줄 알아야 한다.

들판에서 만나는 모든 낯선 민족이 다 친구이거나 모두가 적인 것은 아니다. 친구와 적을 잘 판단할 줄 알아야 한다. 만약 적이라면, 그들과 어떻게 싸워야 하는지를 배워야 한다. 싸우다가 상처를 입기도 할 것이다. 목숨을 잃을 수도 있는 위험에 직면할 수 있는 용기를 배워야 한다. 만약 친구라면, 그들과 어떻게 교류해야 할지 배운다. 처음 만나는 사람들과 어떻게 대화를 풀어 나가고, 서로에게 좋은 교류 방법을 어떻게 찾아낼지를 배워야 한다.

그렇다. 노마드는 태어나는 것이 아니라 아빠에 의해 만들어지는 것이다.

원하든 원치 않든 상관없이 다가와 버린

노마드 시대에 성공적으로 살아남고,

나아가 새로운 기회를 발견하여

시대의 승자가 되려면 어떻게 해야 할까?

어느새 다가와 버린 노마드 세상에서

우리는 사회의 미래를 위하여

어떤 전략을 취해야 할까?

2

노마드 시대엔
노마드대디

오늘날 특히 우리나라의 자녀교육에 있어서는 아빠보다 엄마가 더 많은 일을 해온 것이 사실이다. 아이들을 학원으로, 독서실로 몰아대는 엄마들의 활약은 눈부시다. 그에 비하면 아빠들의 존재감은 상대적으로 너무 작게 느껴진다. 왜일까?

우리 시야에서 사라진 아빠를 찾기에 앞서 오늘날 엄마들이 자녀를 양육하는 방식을 잠시 살펴보고, 노마드에게 정말 가르쳐야 할 것이 무엇인지 알아보자.

엄마의 사랑에
아이가 질식한다

맘충Mom-蟲이란 말을 들어보았을 것이다. 어린 자녀를 앞세워 몰지각한 행동을 하고도 부끄러워할 줄 모르는 엄마를 비하하는 표현으로 엄마를 뜻하는 영어 단어 '맘'에 벌레를 뜻하는 한자 '충'을 더해서 만든 것이다. 일부 몰지각한 엄마들이 이슈화되면서 최근 어린아이의 출입을 아예 금지하는 '노 키즈 존No Kids Zone'이 늘어나고 있다고 한다.

맘을 키워드로 한 다양한 표현들이 있다. 타이거맘Tiger Mom은 엄격하게 훈육하고 간섭하면서 자녀를 혹독하게 교육했다는 에이미 추아Amy Chua 예일대 교수가 2011년 자신의 책《타이거 마더》를 통해 엄격한 중국식 자녀 훈육법을 강조해서 생겨난 개념이다. 추아 교수는 두 딸에게 규율, 집중, 성실을 강조하며 전 과목 A학점을 받아올 것을 요구하며 자녀들이 목표를 끝까지 달성하도록 강요했다고 한다. 큰딸 소피아가 결국 하버드대와 예일대에 동시 합격하면서 추아 교수의 교육법이 화제가 되었다. 실제로 아시아 쪽에서는 타이거맘 교육법을 통해 좋은 성적을 거두는 데 성공한 예가 많다고 한다. 그러나 이 교육법으로는 창의성을 기대할 수 없고, 자녀를 지나치게 억압한다는 점에서 큰 논란을 불러일으키기도 했으며, 실제로 추아 교수 스스로 자신의 교육법이 틀렸다고 시인한 바 있다.

2015년 여름, 미국 동부 아이비리그를 비롯한 명문대 재학생들이 잇달아 스스로 목숨을 끊는 일이 이어져 화제가 되었다. 뉴욕타임스는 학생들의 자살 이면에 잔디깎기맘Lawn mower Mom의 과도한 욕심이 있었다고 보도했다. 잔디깎기맘이란 자녀를 성공시키기 위해 학교와 취업 현장까지 나서서 자녀 앞에 놓인 모든 장애물을 잔디 깎듯 해결해 주는 엄마를 가리킨다. 자녀의 일거수일투족을 감시하는 극성 어머니를 뜻하는 헬리콥터맘Helicopter Mom보다 더 자녀의 삶에 개입하는 부모를 뜻한다.

헬리콥터맘은 자녀의 일에 지나치게 간섭하며 과잉보호하는 엄마를 가리키는 말이다. 마치 헬리콥터처럼 자녀 주변을 빙빙 돌면서 간섭하기 때문에 생긴 말로, 1990년 정신과 의사 포스터 W. 클라인Foster W. Cline과 자녀교육 전문가 짐 페이Jim Fay가 쓴 《아이는 책임감을 어떻게 배우나》라는 책에서 비롯되었다. 이들은 자녀가 성인이 되어서까지 일일이 챙기며 통제하고 간섭한다. 초등학교 때는 학교에 수시로 연락하고 숙제는 물론 친구 관계까지 챙기고, 중·고등학교 때는 학교 성적과 입시 문제를 간섭하고, 대학에서는 수강 신청과 학점 문제에도 관여한다. 대학 졸업 후에는 취업을 알아봐 주고, 배우자를 알아보는 일까지 적극적으로 나서기도 한다.

돼지맘도 있다. 국립국어원이 2014년 신어로 선정했을 정도로 사회적으로 이슈가 된 엄마상이다. 어미 돼지가 새끼를 데리고 다니듯이 주로 학원가에서 다른 엄마들을 거느리고 다니는 엄마를 가리킨다. 한마디로 사교육을 조장하는 열성 엄마들이다. 자기 자녀와 소수 정예 수업을 함께 받을 학생을 직접 고르거나 유명 강사를 직접 섭외하는 등 엄마들 사이에서 사교육과 관련된 권력을 휘두르고 있다. 다니는 곳마다 치맛바람을 일으키며, 자식을 대학 입시에서 성공시키기 위해 사교육에 투자하는 것을 아끼지 않는다. 고급 정보를 소수의 학부모들과만 공유하기 때문에 위화감을 조성하기도 한다.

위의 엄마들과는 전혀 다른 노선을 고집하는 엄마들도 있다. 인기 육아블로거 김선미 씨가 2012년에 쓴 《지랄발랄 하은맘의 불량육아》라는 책을 통해 널리 알려진 불량맘이 있다. 부모로서 교육에 과도하게 열을 올리지 않고 욕심을 덜어내는 불량스러운 엄마가 되겠다는 의미를 담고 있다. 아이의 자율성을 강조하는 그가 말하는 불량 육아는 '~하면 아이에게 좋다'는 여러 가지 방법들을 일부러 안 쓰는 것이다. 유일하게 강조하는 건 책 읽기뿐이다. 아이가 혼자서 책을 읽기 시작하면 엄마도 심리적 여유를 가질 수 있기 때문이다. 그가 엄마의 여유를 강조하는 이유는 엄마의 강박이 때로 아이의 말썽보다 심각하기 때문이다.

베타맘Beta Mom은 자녀가 원하는 삶을 살 수 있도록 옆에서 조언해 주는 유형의 엄마다. 아이의 행복과 주도성, 독립성, 자립성 등을 중요시하며 자녀가 스스로 자신의 인생을 결정하게끔 옆에서 도움을 줄 뿐, 엄마 자신이 원하는 삶을 살도록 강요하지 않는다. 아이의 미래를 미리 정해 놓고 그에 맞는 교육을 하나부터 열까지 강요하며 부모의 결정을 아이가 무조건 따르게끔 하는 알파맘과는 전혀 다른 성격이다.

마지막으로 스칸디맘Scandi Mom이 있다. 2011년 영국의 유명 신문 〈타임스〉가 보도한 〈타이거맘은 잊어라, 스칸디대디가 온다〉라는 기사에서 유래했다. 스칸디맘은 친환경적이면서 합리적인 스칸디나비아식 생활약식을 추구하는 엄마들을 지칭하는 신조어다. 이들은 인성 교육, 책임 교육, 정서 교육 등 아이가 잘할 수 있는 것을 발견해 주는 조력자로서 해야 할 역할을 충실히 하고 자녀들과의 정서적 교감과 유대감을 키우는 것을 중요시한다.

노마드 시대에는 엄마의 품을, 엄마의 옆을 떠나야 한다. 엄마를 설명하는 단어가 이처럼 많다는 것은 오늘날 교육에 있어서 엄마의 역할이 그만큼 크다는 것을 방증한다. 오늘날 이렇게 된 데는 다 이유가 있다.

아빠가 집으로
돌아와야 한다

한 세대를 보통 30년으로 계산한다. 어린아이가 성장하여 성인으로서 행사할 수 있을 때까지의 기간이다. 대한민국은 지난 백 년간 급격한 변화를 겪어 왔다. 1950년 한국전쟁이 발발한 이후 60여 년이 흘렀다. 지금 우리 사회는 서로 다른 경험을 공유한 3세대가 공존하고 있다. 그 격차가 얼마나 큰지 세대 간의 갈등이라는 문제까지 대두되곤 한다.

일제강점기, 광복, 그리고 한국전쟁 등 참으로 힘들고 어려운 환경 속에서 어린 시절을 보낸 조부모 세대는 대가족제도 하에 가족 구성원들이 제각기 맡은 역할을 감당하며 기쁨과 슬픔, 영광과 고통을 나누며 젊은 날을 보낸 경험이 있다. 자녀 양육과 교육이 가족 공동체 안에서 자연스레 이루어지던 시절이었다.

그러나 내가 속한 부모 세대는 한국전쟁 후 가난을 극복하고자 몸부림치던 시기에 어린 시절을 보냈다. 일자리를 찾아 정든 고향을 떠나 도시로 모여드느라 대가족은 해체되었고, 핵가족이 파편처럼 급속도로 퍼져 나갔다. 우리 세대의 아버지들은 일 중독자에 가까웠다. 바쁜 직장생활로 아이들이 모두 잠든 늦은 밤에 귀가해서 지친 몸을 잠시 뉘었다가 새벽에 다시 집을 나섰다. 쉬는 날이면 모자란 잠을 보충해야 했으니 아버지가 쉬는 동안 아이들은 숨죽여 놀거나 아예 바깥으로 내몰리곤 했다. 아버지와 자상한 대화를 나누는 것은 엄두도 못 냈다.

자녀 세대는 유래를 찾을 수 없을 만큼 치열한 경쟁사회를 물려받았다. 스승과 제자 관계, 교우 관계가 심각하게 손상되었다. 하지만 부모 세대는 자녀의 상황을 제대로 파악하지도 못한 채 여전히 하루하루 살아 내느라 분주하다. 게다가 아빠들은 아버지의 역할을 제대로 배운 적이 없어서 가정사에 대한 상황 대처 능력이 현저히 떨어진다. 그러다 보니 자녀 교육은 아빠가 아닌 엄마가 일임하듯 해왔다.

하지만 엄마들의 단호함이 없는 관대한 교육은 자녀에게 절제력을 키워주기 어렵고, 타인과 비교하며 초달하는 교육은 자녀를 불행하게 만든다. 이것이 엄마의 탓만은 아니다. 아빠의 부재가 가져온 결과다. 지금이라도 이를 바로잡기 위해서는 아빠가 집으로 돌아와야 한다.

자녀의 올바른 성장과 교육을 위해 집으로 돌아오는 아빠들이 점차 늘어나고 있는 추세다. 이들은 성향에 따라 여러 가지 '대디'로 불리게 된다.

타이거맘과 같은 뜻으로 타이거대디 Tiger Daddy가 있다. 엄격한 훈육과 철저한 통제를 통해 자녀를 훌륭하게 키우려고 한다. 그러나 활자로 고정된 지식을 습득하는 지식 기계는 오늘날 창의를 강조하는 시대에는 부적합하다.

타이거대디에 대한 반향으로 자녀와 함께 많은 시간을 보내며 자녀와 많은 소통을 하는 젊은 아버지를 일컫는 스칸디대디 Scandi Daddy가 있다. 과거 엄격한 스파르타식 교육방식에서 벗어나 자녀의 인성, 책임, 정서 등에 무게를 두고 소통하는 젊은 아빠들이다. 아이와 정서적 교감을 중시하고 타인과의 교류에 중점을 두고 교육한다.

이와 비슷한 성향으로 프랜디 Friendy가 있다. '친구 friend'와 '아빠 daddy'의 합성어로 친구 같은 아버지를 뜻하는 신조어다. 보수적, 가부장적인 아빠에서 벗어나 자녀를 친구처럼 친밀하게 대하는 아빠를 말한다.

마지막으로 베타대디 Beta Daddy는 아내 대신 아이들과 집안일을 돌보는 따뜻한 아빠를 말한다. 언제라도 자녀를 돌보며 가사를 맡을 수 있는 자상하고 따뜻한 아빠로 아이의 재능을 발굴해서 탄탄한 정보력으로 체계적인 학습을 시키는 엄마를 보완해 주는 역할을 한다.

그러나 스칸디대디, 프랜디, 베타대디 모두 자칫 자녀를 방종하게 만들거나 미래에 닥칠 변화에 대한 대응 능력을 제대로 가르치지 못하는 단점이 있다.

우리는 노마드 시대를 살고 있다. 이 시대에 필요한 것은 노마드대디 Nomad Daddy다. 도무지 방향을 알 수 없는 역동적인 변화의 물결 속에서 살아가야 하는 노마드 시대에는 과거 양육 방법만으로는 한계가 있다.

노마드대디는 타이거대디와 스칸디대디의 중간, 아니 둘의 장점을 결합한 것으로 보면 좋을 것 같다. 그러나 이들과 가장 큰 차이점은 정주민보다는 노마드로서의 자질을 가르친다는 점이다.

아이를 말에 태우고
들판을 달리는 노마드대디

왜 노마드대디여야 하는가? 노마드가 부딪혀야 하는 많은 난관을 능히 이겨 낼 수 있는 강인함과 함께 변화하는 환경, 예측이 어려운 미래에 대처할 수 있는 유연함을 가르쳐야 한다. 대오를 이루어 이동하는 조직에서의 엄격함을 가르치는 동시에 다양한 사람들과 만나며 그들과 원만한 관계를 맺고, 더욱 큰 상호 이익을 창출해 낼 수 있는 탁월한 소통 능력을 가르쳐야 한다. 극한의 상황에서도 흔들리지 않는 냉철함뿐 아니라 함께 모여 서로의 상처를 치유하고, 스트레스를 완화해 줄 수 있는 따스함도 가르쳐야 한다.

요즘 아이들은 가정이나 사회에서 모두 주로 여성에 의해 양육된다. 학교에서조차 남자 선생님을 만나기 힘들기 때문이다. 게다가 입시 경쟁으로 친구들과 함께 노는 건전한 놀이 문화가 사라져 버림으로써 아이들은 이기적이고 냉소적인 성격의 소유자로 자라고 있다.

노마드에게 필요한 자질은 무엇인가. 많은 자질들이 요구되겠지만 나는 다섯 가지로 정리해 보고자 한다.

제일 먼저 필요한 것은 소통 능력이다. 노마드는 미지의 세계를 찾는 탐험

가가 아니다. 새로운 환경에서 만나게 되는 새로운 사람들과 함께 어울리지 못한다면 그 직장은, 그 주거지는 정신적으로 견디기 힘든 공간이 될 것이며, 또한 현실적으로도 많은 어려움을 겪을 수밖에 없게 된다.

다음으로 적응력이다. 끊임없이 변화하는 새로운 환경에 적응하는 과정에서 생겨나는 스트레스를 피할 수는 없겠지만 바뀐 환경을 겸허히 받아들이고, 신속하게 적응할 수 있어야 한다. 억지로 하는 수용이 아니라 능동적인 변신이어야 한다.

다음으로 필요한 것은 도전 정신이다. 본인의 의지와는 상관없이 직장이나 주거지를 따라 불가피하게 먼 곳으로 이동해야 한다면 우리는 새롭게 부딪혀야 하는 변화에 대해 과감히 도전할 수 있는 자신감과 의지를 갖춰야 한다. 경험하지 못한 미지의 세계로 나아가기를 주저하는 사이에 오히려 더 큰 화를 당할 수 있다.

간과하기 쉬운 또 하나의 역량은 실력이다. 미지의 세계로 나아가고, 이민족과 거래를 하고, 때로 난공불락의 성을 공격하려면 다양한 지식이 요구된다. 자칫 과거 유목민들을 단순하고, 폭력적인 집단으로 생각하기 쉽다. 실제 유목민족은 기술자를 최고로 대접했고, 그들의 지식을 적극적으로 수용했다.

마지막으로 감사하는 마음이다. 바뀐 환경에 만족하지 못하고, 계속 불평만 한다면 건강도 해칠 뿐 아니라 사람들과의 관계도 망가질 수밖에 없다. 적응하는 과정이 힘들고 어렵더라도 그 과정을 감사하며 즐길 수 있어야 한다. 변화가 이어지는 세상에 살게 된 것을 감사할 수 있어야 한다.

노마드대디는 자녀에게 소통 능력, 적응력, 도전 정신, 실력 그리고 감사하는 마음이라는 다섯 가지 자질을 가르친다. 마치 들판에서 조랑말을 조련하고 올라타 달리는 법을 가르치듯이 인내심을 갖고 천천히 가르쳐야 한다. 이것이 바로 자녀를 뼛속까지 노마드로 길러 낼 수 있는 길이다.

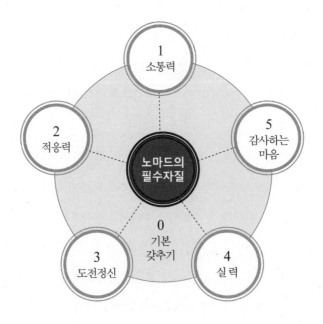

우리는 노마드 시대를 살고 있다.

이 시대에 필요한 것은 노마드대디다.

도무지 방향을 알 수 없는

역동적인 변화의 물결 속에서

살아가야 하는 노마드 시대에는

과거 양육 방법만으로는

한계가 있다.

3

노마드대디는
어떤 사람인가

급변하는 세상 속에서 살아가는 노마드대디에게 가정의 의미는 특별하다. 다음 세대가 태어나고 자라며 부모와 함께 사랑을 나누는 곳이자 노마드대디 자신에게는 안식과 위로의 장소이기 때문이다. 노마드대디는 사회인으로서 자신의 몫을 다하기 위해 최선을 다하여 수고한다. 그리고 수고의 열매는 고스란히 가정으로 돌린다. 이것이 그가 일하는 목적이요 기쁨이기 때문이다.

가정의 소중함을 아는 노마드대디, 그들은 어떤 사람들인가?

스킨십을 잘하면서도
엄격하다

빈번히 이동하며 바쁘게 살아가는 노마드대디는 물리적으로 자녀와 많은 시간을 보내기가 쉽지 않다. 아쉬운 대로 자녀와 함께 있는 시간을 최대한 활용하며 자신의 애정을 시간보다 밀도로써 표현하려고 한다.

아직 말이 잘 통하지 않는 아이와의 애정 표현에는 스킨십이 최고의 수단이 된다. 사랑하는 마음은 따뜻한 눈맞춤만으로도 전달되지만 자녀를 품에 안고, 등에 업으며 살을 부비면 세상 어떤 관계에서도 가질 수 없는 친밀감을 느끼게 된다. 자기와 닮은 자녀를 존재 그대로 자랑스러워한다는 무한한 사랑의 표현이 될 수 있다.

자녀의 성장과 두뇌 발달에 스킨십이 중요하다는 것은 주지의 사실이다. 특히 뇌를 연구하는 학자들의 말에 의하면 피부와 뇌는 서로 신경 회로로 연결되어 있어서 약한 피부 자극도 뇌를 자극한다고 한다. 피부와 뇌가 최초 세포 분열 시 같은 외배엽에서 갈라져 나왔기 때문이라고 설명한다. 뇌와 피부가 밀접하게 관련되어 있다 보니 피부를 '겉으로 드러난 뇌' 또는 '제2의 뇌'라고 부르기도 한다. 그래서 만 3세 이전에 마사지를 많이 받은 아기들이 체중이 빨리 늘 뿐만 아니라 정서적으로도 안정되는 효과가 있다.

자녀가 성장함에 따라 스킨십의 형태가 달라진다. 함께 뒹굴거나 목욕을 할 때가 있고, 때로 함께 짓궂은 장난을 치면서 시시덕거리기도 한다. 노마드대디는 자녀와 함께 살을 부비면서 자녀와의 거리를 줄여 나가고, 자녀가 세상을 향하여, 미래를 향하여 담대하게 일어설 수 있도록 최선을 다한다. 이것이 노마드대디가 자녀의 삶을 향하여 전달하는 가장 큰 선물이다.

그러나 이것이 노마드대디가 자녀와 스킨십을 하는 이유의 전부는 아니다. 자녀와 함께할 수 있는 짧은 시간 동안 애틋할 정도로 스킨십에 충실함으로써 자녀의 두뇌 발달을 돕고, 심리적인 안정을 선물하는 것이다.

노마드대디의 스킨십은 말 그대로 스킨, 즉 피부에 머물지 않는다. 그는 자녀와 살을 부비는 동시에 장차 자신처럼 노마드의 삶을 살아가게 될 자녀와 삶을 부빈다. 삶을 부빈다는 것이 무슨 뜻인가. 자녀가 자기 삶의 변화를 들려주는 시간을 즐거워하고, 자녀가 성장하는 모습을 지켜보면서 미래를 함께 상상하고 기뻐하는 것이다. 그뿐만 아니라 노마드대디 자신의 삶을 자녀에게 보여 주면서 자녀로 하여금 아빠를 자랑스러워하게 하고, 장차 노마드로서의 삶을 동경할 수 있도록 기회를 준다. 이것이 삶을 부비는 것이다.

스킨십을 잘하는 부드럽고 따뜻한 노마드대디는 동시에 아주 차갑고 엄격한 사람이기도 하다. 자녀가 장차 살아가야 할 세상이 호락호락하지 않다는 것을 잘 아는 노마드대디는 자녀가 응석받이로 자라기를 원치 않는다.

세상이라는 들판에는 늘 바람이 분다. 그 바람은 회오리바람처럼 걷잡을 수 없이 광풍이 되기도 하고 어디에서 어디로 부는지 알 수 없으니 불확실하다. 누구나 혼자 감당하기에는 벅찬 곳이 세상이란 들판이다. 그런 만큼 자녀에게 사람들과 더불어 함께 살아가는 지혜를 가르칠 필요가 있다. 이 지혜는 혹독한 바람이 부는 세상이라는 들판에서 살아남는 데 필요한 것으로 생존법이라고 할 수 있다. 생존법은 호되게 가르쳐야 한다. 그래야 살아남을 수 있기 때문이다.

노마드대디는 자녀의 도를 넘어서는 흐트러지는 모습을 묵과하지 않는다. 단호하게 중지를 명하거나 필요할 경우엔 징벌을 가하기도 한다. 결코 애정이 부족해서가 아니다. 당장은 고통스러워할지라도 건강을 위해 예방주사가 필요한 것과 마찬가지다. 아기가 너무 사랑스럽기 때문에 차마 주삿바늘을 찌를 수 없어 예방주사를 맞히지 않는다는 것은 있을 수 없는 일이다.

자녀가 상대방을 배려하지 않고 막무가내로 떼쓰거나 자기 편의만 생각한다면 잘못을 지적하고 타인을 배려하고 타인에게 양보하는 법을 가르쳐야 한다. 세상을 자기중심적으로 생각하며 살다가는 앞으로 수많은 난관에 부딪힐 게 빤하기 때문이다. 그것을 잘 알고 있는 노마드대디는 자녀의 미래의 큰 행복을 위해 잠시 자녀에게 고통과 불편함을 주기를 주저하지 않는다.

따라서 노마드대디는 자녀와 친구처럼 지내는 프렌디와 자녀에게 엄격한 타이거대디의 상반된 성격을 모두 가졌다고 할 수 있다. 그렇다고 이중인격이라고 할 수 없다. 왜냐하면 두 가지 지향점이 어긋나는 것이 아니라 자녀에 대한 깊은 사랑의 발로라는 점에서 동일하기 때문이다.

노마드대디의 엄격함은 자녀가 성장할수록 줄어드는 경향을 보인다. 자녀의 삶의 태도와 대인 관계 기술의 교정을 위해 엄격하게 훈육하는 것이기에 자녀가 가르침대로 잘 성장한다면 계속 엄격함을 유지할 필요가 없기 때문이다.

그러나 오늘날 우리나라의 많은 가정은 그 반대로 가고 있다. 자녀가 어릴 때는 한없이 자유를 허용했다가 십 대 청소년이 된 후에 통제하지 못해 곤란을 겪고 있다. 어릴 때는 자유로이 놓아 키우다가 나중에서야 엄격하게 통제하려고 하니 잘될 리가 없다. 한없는 자유에 익숙해진 자녀들은 그러한 부모의 돌변에 적응하지 못해 크게 저항하거나 심리적으로 큰 타격을 입기까지 한다. 결국, 부모와 자녀 사이에 생겨난 간극이 점점 더 크게 벌어지고, 생존법을 제대로 전수받지 못한 채 노마드의 세계에 던져진 자녀들은 자립적이지 못한 성인으로 성장하게 된다.

이렇듯 자녀가 준비되지 못한 성인이 되어 자신의 처지를 비관하며, 미래에 대한 두려움으로 세상을 향해 일어서지 못한다면 어떻게 하겠는가. 무엇보다 큰 문제는 부모와 자녀 사이가 소원해져서 자녀가 부모에게 삶에 필요한 지혜와 도움을 선뜻 요청하지 못한다는 것이다. 부모에 대한 신뢰가 바닥나 있기 때문이다.

그러나 노마드대디는 자녀가 어린 시기부터 엄격함을 잃지 않는 사랑을 통하여 자녀를 강하게 양육한다.

소통에 능한
교육가다

스킨십을 잘하면서도 동시에 엄격함을 유지하는 노마드대디는 자녀와 소통을 잘하는 사람이다. 평소 사랑 표현에 주저함이 없으므로 자녀는 노마드대디의 엄격한 훈육 또한 사랑의 한 부분임을 알고 신뢰한다. 호통치는 아빠를 두려워할 필요가 없다. 따끔하게 혼이 나도 노마드대디는 뒤끝이 없다. 노마드의 특성상 늘 곁에 있지 못하는 아빠의 생각과 의도를 자녀가 이해하고 스스로 자신의 삶을 다잡아 갈 수 있도록 만들어 나간다. 이 모두가 소통의 힘이다.

노마드대디에게는 아내가 주는 위로와 기쁨도 크지만, 자신의 수고를 알

아주고 자랑스러워하며 아빠의 삶을 닮고자 하는 자녀들이야말로 최고의 행복이다. 그러므로 그는 자신의 속내를 자녀에게 터놓기를 기뻐하며, 동시에 자녀의 고민과 미래를 향한 포부를 듣는 것을 기뻐한다. 자신이 경험한 다양한 세계의 소식을 전해 줌으로써 세상을 향한 자녀의 시야를 넓혀 주고, 세상에 대한 그릇된 이해를 바로잡는 것을 기뻐한다.

또한, 미지의 세계에 대한 두려움으로 인해 움츠러드는 자녀에게 두려움을 돌파할 수 있는 지혜를 일깨워 주고, 불굴의 의지가 가져다주는 성취의 기쁨을 들려줌으로써 자녀의 가슴에 삶의 의지가 샘솟기를 바란다.

노마드대디는 자신이 전달해야 할 많은 정보와 지혜를 자녀에게 효과적으로 전달하기 위해 다양한 방법을 고안한다. 자녀의 발달 단계를 고려하여 때로 외지에서 가져온 신기한 물건을 보여 주기도 하고, 생소한 정보를 전달하기 위해 우스꽝스러운 연기를 선보이기도 한다. 오랫동안 자녀와 함께하지 못하는 경우, 예전에는 편지나 인편을 통하여 자녀와 소통했으나 오늘날의 노마드대디는 SNS나 영상 통화 등을 통하여 수시로 소통한다.

과거 진짜 노마드들은 초원을 찾아 대륙을 이동하며 수많은 전쟁을 치러야 했다. 그들은 자녀와 이별해야만 하는 순간이 언제든지 찾아올 수 있다는 것을 알았다. 평소 아버지를 기억할 수 있는 기념품이나 기록물을 자녀에게 소장케 함으로써 아버지의 부재를 대체하고, 또 소통하는 매개체로 사용하기도 했다. 오늘날에도 많은 아빠들이 자녀와 함께 찍은 사진을 나누거나 자신의 사진을 자녀에게 선물로 주기도 한다.

자녀의 이해 수준이나 자녀와의 물리적인 거리, 자녀와 접촉할 수 있는 시간, 나아가 아빠 자신의 영원한 부재마저 자녀와 소통함에 있어 노마드대디에게 장애가 될 수 없다.

사실 노마드의 삶에 있어서 최고 성공 요인의 하나가 소통이다. 소통의 소중함을 잘 아는 노마드대디는 자녀와 가장 효과적으로 소통하는 방법을 생각하고 실천하고자 한다. 다양한 방식의 소통을 통하여 자녀는 비록 아빠와 긴 시간 동안 함께할 수 없더라도 단절감을 느끼지 않고 건강한 자아를 키워 갈 수 있다.

노마드대디가 자녀와 떨어져 있는 시간이 많다고 해서 자녀 교육에 소홀히 하지는 않는다. 가까이에서 얼굴을 맞대어야만 교육이 이루어지는 것은 아니다. 다산 정약용 선생이 18년간 귀양살이 중에도 서간을 통해 자녀 교육에 힘썼다는 이야기는 많이 알려져 있다.

노마드대디는 세상사가 얼마나 복잡다단하고, 세상이 얼마나 헤아릴 수 없을 정도로 다양한 생각과 의견들이 충돌하는 곳인지 잘 알고 있다. 그렇기 때문에 자녀가 그러한 변화무쌍한 세상에서 좌절하지 않고, 능히 헤쳐 나갈 수 있는 지식을 전달하는 데에 노력을 기울인다. 그것은 그가 가장 중요하게 여기는 의무 중의 하나이기도 하다.

그러나 자녀와 함께할 수 있는 물리적인 시간이 그리 많지 않기 때문에 자녀가 스스로 학습할 수 있는 자세를 갖도록 가르친다. 또한, 자신의 부재 시에도 주위 어른들로부터 지혜를 전달받을 수 있도록 언제나 가르침에 겸손한 태도를 가질 것을 강조한다. 고대 그리스의 시인 호메로스가 쓴 《오디세이아》의 주인공 이타카 섬의 왕 오디세우스는 트로이전쟁에 나가면서 현명하고 성실한 친구 멘토에게 자기가 없는 동안 집안일과 함께 아들 텔레마코스의 교육을 봐 달라고 부탁했다. 오디세우스가 트로이전쟁 10년을 치르고 난 후 유랑하느라 10년을 보내는 바람에 20년 동안 집을 비운 사이에 멘토가 텔레마코스의 선생이자 친구, 상담자로서 아버지의 부재를 메워 주었다. 이후로 '멘토Mentor'라는 말이 지혜와 신뢰로 한 사람의 인생을 이끌어 주는 진정한 스승이라는 의미가 됐다. 이처럼 노마드대디는 때로 특별한 사람에게 자녀 교육을 부탁하기도 한다.

노마드대디가 자녀에게 제공하는 교육 내용은 정주형 아빠들과는 크게 차이가 난다. 과거에는 지식을 많이 암기할수록 사회에서 상대적으로 유리한 지위를 가지게 될 가능성이 컸다. 세상에서 마주치는 대부분의 문제가 예측 가능한 수준이었기 때문에 주어진 문제를 얼마나 신속하게 푸는가가 실력이었다. 그러나 노마드 시대에는 단순한 암기보다는 변화의 방향을 간파할 수 있는 통찰력과 예상치 못한 상황에 대처하고, 이를 해결할 수 있는 지혜를 더욱 중요시한다.

교육 방식 또한 다르다. 예전 시대에는 책상 앞에 앉아서 암기하고, 주어진 문제를 푸는 것이 실력을 키우는 것이 중요했다면 노마드 시대에는 책상을 벗어나야 비로소 교육이 시작된다고 할 수 있다. 과거에는 엄마 품에서 양육받으며 학교와 가정에서 배운 지식이 주효했다. 그러나 노마드 시대에는 어느 정도 자란 이상 엄마 품을 떠나 학교와 가정을 넘어서 삶의 현장으로 들어가 배워야만 한다.

진짜 노마드, 즉 유목민은 정처 없이 이곳저곳을 떠돌아다니는 민족이었다. 거친 들판에서 살아남기 위해서는 정신을 바짝 차려야 했다. 유목민이 살아가는 세계는 매우 거칠고 능력과 실력이 지배하는 세계이었기 때문이다. 그래서 무엇보다 먼저 습득해야 하는 능력은 말을 잘 타는 것이었다. 더불어 자연환경과 기후에 민감해야 했다. 가축을 주의 깊게 돌보려면 계획성과 인내력, 순간적인 판단력과 과감성이 필요했다. 알고 보면 노마드는 여기저기 떠도는 방랑자가 아니라 매우 전문적인 직업인이었다.

그래서 오늘날 노마드대디는 자주 자녀들을 데리고 야외로 나가고 단거리든 장거리든 여행을 떠난다. 어른들의 삶의 현장을 견학할 기회를 마련하기도 한다. 자녀에게 다양한 경험을 심어 주기 위해 최선을 다한다.

그러나 늘 함께 돌아다닐 수는 없고, 모든 것을 경험하게 할 수도 없기 때문에 다양한 경험을 전달할 수 있는 책이나 영상물을 자녀에게 소개하기도 한다. 노마드대디가 권하는 독서법은 책의 내용을 암기하는 것이 아니라 이해하는 것이다. 책을 통해 새로운 세상에 대한 이해를 넓혀 가고, 영상을 통하여 쉽게 접해 보지 못했던 세상에 대한 호기심을 갖도록 하는 것이 목적이다. 노마드 시대에는 세상이 암기 사항과 무관하게 너무도 빨리 변해 간다는 사실을 잘 알고 있기 때문이다. 암기한 내용은 얼마 지나지 않아 희미해질 뿐 아니라 용도 폐기되기에 십상이다.

노마드대디는 틀에 짜인 교육보다는 시시각각 변화하는 자연과 사회 속에서 다양한 정보를 경험하게 함으로써 스스로 깨닫는 교육을 선호한다.

앞서 나아가고
함께 나아간다

오늘날 업무상 장거리를 이동하는 경우가 많고, 일터와 집의 거리가 상당히 먼 경우가 많다. 때문에 가족과 보내는 물리적인 시간이 그만큼 짧을 수밖에 없다. 그러나 노마드대디는 소통의 노력을 통해 자신의 부재를 보완한다. 노마드 시대를 사는 아빠들의 삶의 정황은 척박하고 힘겨울 때가 많다. 그러나 노마드대디는 노마드답게 뚝심을 가지고 뚜벅뚜벅 헤쳐 나간다. 때로는 자신의 경력과 무관한 일에도 과감하게 도전한다. 그 과정이 외롭고 힘겹지만 자신을 의지하는 가족들을 향해 미소를 잃지 않을 정도로 자신을 통제할 줄 아는 사람이다. 그렇다고 거짓 미소를 짓는 것은 아니다. 자녀들에게 자기 삶의 속살을 드러내기를 주저하지 않는다.

노마드대디는 삶의 여정에서 획득한 소득을 자녀에게 보여 주고, 그중 일부를 나눠 주기를 기뻐한다. 그가 여정에서 보고 느끼고 경험했던 일들을 소파나 침대에 기대어 앉아 자녀에게 설명해 줄 때 그 모든 것들이 자녀에게는 유용한 선물이 된다. 그가 삶에서 느낀 어려움과 아픔을 낱낱이 들려줄 필요는 없다. 그러나 자녀가 이해할 수 있는 수준에서 세계라는 들판의 민낯을 보여 주는 것은 반드시 필요하다.

대표적인 노마드인 몽골인은 식량 조달을 위해 틈만 나면 사냥을 했다. 주린 배를 채우기 위해 곰, 사슴, 노루 등을 계속해서 쫓아야만 했다. 끊임없이 움직이지 않으면 생존할 수 없는 환경이었기 때문이다. 그래서 그들 민족은 누구나 말을 탈 줄 알았고, 칼을 쓸 줄 알며, 활을 쏠 줄 아는 전사들이었다.

몽골족은 1년에 최소 네 차례씩 집단 이동을 했다. 가축을 방목할 만한 초원을 찾아야 했기 때문이다. 굶어 죽지 않으려면 끊임없이 움직여야 하는 것이 바로 노마드의 삶이다.

그에 비해 옛 정주민의 삶은 어떠한가? 단조로울 수밖에 없었다. 한자리에 정착하여 의식주를 해결했기 때문에 생활은 안정적이었지만 굳이 다른 나라와 교류할 필요를 느끼지 못했다. 그래서 정착 문명은 폐쇄적이다. 그들의 관심은 경작할 토지의 확보와 비를 내려 주는 하늘뿐이었다.

노마드대디는 옛 노마드가 자녀에게 말을 타는 법, 말 등에 앉아 활을 쏘는 법을 가르쳐 주었듯이 자기 삶의 노하우를 자녀에게 가르친다. 칼날을 벼려 사냥한 동물의 껍질을 벗겨 내고 해체하는 모습을 보여 주었듯이 살아가는 데 필요한 지식과 지혜를 꾸밈없이 가르친다.

그런 의미에서 노마드대디는 앞서서 나아가는 사람이다. 세계라는 들판에서의 힘든 여정을 앞서 경험하고 자녀와 그 경험을 나눔으로써 자녀가 진정한 노마드키즈로 자라갈 수 있도록 돕는다. 자녀는 장차 자신이 경험하게 될 세계가 흥미진진하지만 그만큼 힘들게 준비해야 한다는 사실을 앞서 나아가는 노마드대디의 삶을 보면서 깨닫는다.

이렇듯 자신의 삶을 통해서 자녀에게 노마드의 삶의 보람과 희망을 설명해 주는 노마드대디의 모습은 자녀에게 자신이 장차 부닥칠 미래에 대한 기대감을 강화하며, 도전할 수 있다는 자신감을 심어 준다. 어릴 적 하늘과 같이 높게 보이는 아빠의 당당한 모습에서 장차 자신도 노마드로서 긍지를 갖게 될 것을 기대할 것이다.

노마드대디가 삶으로써 보여 주는 다양한 지식과 지혜는 자녀의 기억 속에 강하게 자리 잡고, 그 기억이 자녀가 장차 노마드로서 살아갈 때 능숙하게 문제 해결을 할 수 있도록 도울 것이다. 머릿속에 깊이 각인된 아빠의 영상은 일생에 필요한 교사로 자리매김할 것이다. 자녀에게는 아빠만 한 영웅이 없는 법이다.

자녀에 앞서 나아가는 노마드대디는 동시에 자녀와 함께 나아가는 사람이기도 하다. 노마드대디가 최고의 교육으로 여기는 것은 사실 나란히 함께하는 것이다. 옛 노마드는 어린 자녀를 품에 안은 채 말을 타고 장거리를 여행했을 것이다. 때로 말이 질주할 때면 어린 자녀는 무서울 정도의 속도감을 경험하기도 했을 것이다. 자녀가 자라 뛰어다닐 정도가 되면 발을 받쳐 주어 말 등에 오르는 것을 돕고, 함께 말에 올라 달렸을 것이다. 말을 조련하는 법을 가르칠 때, 혹시라도 자녀가 말을 두려워하면 노마드로서 말을 타야 하는 이유와 말을 탔을 때의 즐거움에 관해 설명해 주었을 것이다. 자녀가 말에 충분히 익숙해질 즈음 잘 훈련된 말 위에 앉히고 혼자서 말을 모는 연습을 시켰을 것이다. 이때 혼자 말을 타는 자녀를 보는 아빠의 얼굴이 어땠겠는가? 기쁨으로 가득 차 있었을 것이다.

노마드대디에게 자녀의 성장은 매우 큰 기쁨이다. 노마드의 세계에 발을 내딛는 자녀와 함께하는 노마드대디는 여정 속에서 마주칠 세상과 새로운 경험에 대한 기대감만으로도 감동을 한다. 노마드 여행을 통해 자녀에게 전해 줄 삶의 지혜를 생각하면 가슴이 벅차오른다.

자녀에게 자전거 타는 법을 가르치고, 운전을 가르치는 아빠의 모습을 보면 알 수 있다. 대개 아빠가 긴장한 자녀보다 훨씬 더 얼굴이 상기되고 흥분되어 보이지 않는가. 자녀가 스스로 자전거를 타고, 운전한다는 것이 노마드대디에게는 이루 말할 수 없는 기쁨이다.

실제로 노마드대디는 자녀와 함께 자전거를 타거나 여행을 떠나는 것을 즐긴다. 자녀에게 운전대를 맡긴 채 위험한 여행을 떠나기도 한다. 산행을 통해 등산에 필요한 지식을 가르치기도 하고, 캠핑을 갈 때면 밤이 이슥해지기 전에 텐트 치는 법을 가르치기도 한다. 늦은 밤 자녀와 함께 별을 세며 여행의 경험을 나누고, 자녀의 미래에 관해 이야기를 나눈다. 이때 대화를 통해 삶에서 우러나온 지혜를 자녀에게 전수한다.

자녀와 함께 이동하고, 함께 경험하며, 함께 대화를 나누는 시간이야말로 노마드대디에게는 위대한 의식(儀式)의 순간이다. 이 시간을 통해 자녀와 하나가 되고, 자녀가 진정한 노마드키즈로 자라기 때문이다. 고난의 순간마저도 함께한다면 노마드대디와 자녀는 생명과 삶을 나누는 동지적 관계로 발전한다. 아빠와 자녀가 세계라는 들판에서 노마드로서 동지가 될 때부터 사실 자녀의 노마드의 삶이 시작된다고 할 수 있다. 노마드대디와 노마드키즈는 세계를 역동적으로 함께 부딪쳐 가며 나아가고 서로 격려하고 지지하며 동지적 관계로서 삶을 살아가는 강한 노마드로 성장해 간다.

믿고 내보내고
기꺼이 연대한다

노마드의 삶은 익숙한 곳으로부터 떠남과 전혀 새로운 환경 속으로 들어가는 도전의 연속이다. 그러므로 진정한 노마드가 되기 위해서는 이별을 연습해야 한다. 그뿐만 아니라 노마드대디는 자녀와 매 순간 함께할 수는 없다는 것을 잘 알고 있다. 아빠와 자녀가 각자 장점을 발휘할 수 있는 영역이 다를 수 있다. 게다가 인생이 유한하니 아빠가 자녀보다 먼저 세상을 떠나는 것이 순리다. 물론 세상은 순리대로만 돌아가지는 않는다.

그래서 노마드대디는 언제든 자녀를 떠나보낼 결단을 한다. 자녀를 세상에 홀로 내보내기에는 두려움에 망설여지기도 할 것이다. 그러나 그 길만이 노마드의 삶을 제대로 살아가는 방법임을 알기 때문에 기꺼이 이별을 선택한다.

그는 자녀와의 이별을 연습한다. 짧은 기간이나마 이별을 경험하게 하는 것이다. 짧은 이별을 경험하게 함으로써 장차 마주칠 불가피한 긴 이별을 미리 연습시킨다. 어쩌면 노마드대디 스스로가 이별에 적응하는 연습을 하고 있는 것인지도 모른다. 자녀와의 이별이 쉬운 부모가 어디 있겠는가. 특히 자녀와 스킨십을 자주 하고, 삶을 나누는 소통을 하고, 어우러져 함께 달리던 노마드대디로서 친밀한 관계의 자녀를 떠나보내기란 참으로 힘든 일이다. 이 이별은 노마드대디가 업무상 가정을 떠나 장거리 출장을 가는 것과는 다른 차원의 것이다. 자녀가 홀로 가정을 떠나는 훈련을 시키는 것이기 때문이다.

그러나 평소에 단호한 태도로 엄격하게 훈육했던 만큼 자녀를 크게 염려하지는 않는다. 이미 아빠의 경험에서 우러나온 지식과 지혜를 전수받고 준비된 자녀는 누구보다도 담대히 세상이라는 들판으로 달려 나갈 수 있다. 싸움터에 나가는 전사처럼 자신만만한 모습으로 나아갈 수 있을 것이다.

이별의 기간이 길게 예상될수록 아쉬움에 슬픔이 클 것이다. 그러나 슬픔을 이기고 과감히 떠나보내야만 자녀를 진정한 노마드로 성장시킬 수 있다. 다 자란 자녀라도 품에 안고, 영원히 함께하고 싶은 것이 부모의 솔직한 마음이다. 그럼에도 불구하고 노마드대디는 자녀를 과감히 독립시킨다. 그래야만 자녀가 또 한 명의 독립적인 노마드로 성장할 수 있음을 잘 알고 있기 때문이다. 노마드 시대를 잘 헤치고 살아가려면 그만큼 강해져야 한다.

자녀를 떠나보내는 노마드대디에게 위안이 되는 것은, 자녀가 어떠한 상황에도 능히 잘 헤쳐 나갈 수 있으리라는 믿음이 있다는 것이다. 자라면서 노마드대디에게서 배운 대로 자녀가 자신의 여러 가지 문제들을 해결해 나아가는 것을 보았기 때문에 가능한 일이다.

노마드대디는 애정 어린 포옹으로 자녀의 장도(壯途)에 신뢰를 표시한다. 멈칫거리며 뒤를 돌아보는 대신 당당하게 또 다른 세상을 향하여 발걸음을 옮기는 자녀의 모습을 대견해 한다. 또 한 명의 독립된 노마드의 탄생을 축하하며, 아빠보다 더 강한 노마드로 거듭날 것을 축복한다.

노마드 시대의 자녀들은 많은 시간 아빠의 부재를 경험하며 살아간다. 노마드 사회의 특징인 빈번한 이동 때문이기도 하지만, 정주민 사회보다 노마드 사회가 더 많은 위험에 노출되어 있기 때문이다. 갑작스럽게 경제적인 어려움이 닥칠 수도 있고, 역동적인 삶은 때로 가족 관계에 어려움을 줄 수도 있다. 과거, 정주민 사회의 대가족 제도하에서는 아빠의 부재가 그리 큰 문제가 아니었지만, 빈번히 이동하고 변화와 부침이 심한 노마드 시대에서 아빠의 부재는 참으로 고통스러운 일이 아닐 수 없다.

옛 노마드는 집단 양육과 집단 훈육으로 이런 문제를 보완했다. 아빠의 부재가 잦은 상황에서 자녀 양육이 가족 단위로 해결될 문제가 아니었기 때문이다. 노마드는 하나의 운명공동체였다. 아빠를 잃은 자녀가 있으면 이웃 남자들이 아빠 역할을 대신해 주었다. 전우의 자녀를 돌보듯이 동일한 관심과 사랑으로 자기 자녀와 함께 키웠다. 이것은 부족적인 차원에서의 투자였다. 집단 양육 체계를 잘 갖출수록 더욱 강한 부족이 될 수 있었다.

이처럼 노마드대디는 교육에 있어서 연대를 모색한다. 정주민 시대에는 아빠가 없어도 열심히 공부하고 수련하여 성공한 사람이 많았지만, 노마드 시대에는 그러한 방식으로는 성공이 보장되지 않는다. 아빠의 잦은 부재는 자녀의 장래를 어둡게 하는 큰 원인이 된다. 그만큼 아빠를 대체할 수 있는 어른들의 교육이 필요하고, 삶을 통해 전달하는 교육 방식에서 다양한 삶의 지혜를 가진 어른들의 존재가 중요하다.

노마드 시대에는 다양한 연령층이 모인 공동체 내에서의 협업과 상생의 노하우를 체득하는 것이 필요하다. 이러한 지혜는 핵가족 내에서는 얻기가 힘들다. 대신에 운명공동체라고 할 정도로 삶을 공유할 수 있는 노마드 가정들이 공동체를 이루어 낙오되는 이들이 없도록 격려하고, 세워 주는 것이야말로 함께 성공하는 길이다.

따라서 노마드대디는 다른 노마드대디들과 양육과 교육에 대한 지혜를 기꺼이 나눈다. 여러 가족들이 함께하는 시간을 기획함으로써 자녀에게 노마드 시대에서 살아나갈 역량을 갖출 기회를 마련한다. 또한 아빠의 부재가 발생한 가정의 자녀를 초대하여 자기 자녀와 어울리게 하고, 자기 자녀에게 가르치던 삶의 지혜를 그들과도 아낌없이 나눈다.

연대를 통한 공동체의 유대는 자녀의 성장에 큰 도움을 줄 뿐만 아니라 세계 각지에서 활동하게 될 자녀에게 미래에 결정적인 도움을 줄 수 있는 네트워크가 되어 준다. 또한, 언제 안정이 깨어질지 모르는 불안한 노마드의 삶에 안정감을 주는 버팀목 역할을 하게 된다.

II

노마드대디의
전략 1

0

기본에서
시작한다

　　　　　　　스킨십을 잘하면서
도 엄격하고 소통에 능한 교육가이면서 자녀에 앞서
나아가고 자녀와 함께 나아가는, 자녀를 믿고 세상으
로 내보내고 다른 아빠들과 기꺼이 연대하는 노마드
대디는 변화무쌍한 노마드 시대에 자녀를 어떻게 훈
육하며 교육할까? 지금부터 노마드대디의 교육 전략
에 대해 본격적으로 살펴보자.

　노마드가 가져야 할 다섯 가지 자질을 논하기에
앞서 먼저 기본 다지기부터 해야 한다. 탄탄한 기본
위에 다섯 가지 자질들이 길러질 수 있기 때문이다.
노마드로 자라게 하기 위해서는 다음과 같은 기본이
우선되어야 한다.

마음은 따뜻하게
몸은 수더분하게

삶을 성공적으로 영위하기 위해 자녀가 기본적으로 갖추어야 할 사항, 즉 자녀에게 가르쳐야 할 내용이 참 많다. 그러나 본격적인 교육에 들어가기에 앞서 갖추어야 할 가장 중요한 것은 따뜻한 가정이다.

자녀가 가정에서 소속감을 느끼고, 사랑과 인정을 느낄 수 있어야 여타 교육이 제대로 이루어질 수 있다. 따스함이 없는 가정에서의 교육은 혹독한 훈련이 되거나 심지어 학대가 될 수 있다. 그러한 분위기에서 이루어진 교육이 제대로 된 효과를 내기는 불가능하다. 자녀가 어릴 때는 훈육에 귀 기울이는 것으로 보일지 몰라도 성장함에 따라 그동안 쌓였던 분노를 폭발하거나 반대로 자아가 위축되어 성숙한 성인으로 자라지 못하는 경우를 많이 본다.

따뜻한 가정이란 가족 간에 대화가 많고, 늘 즐거운 웃음소리가 끊이지 않으며 상호 신뢰하는 관계의 가족 공동체일 것이다. 요즘은 자녀가 초등학교 고학년만 되어도 집이 독서실처럼 변하여 가족끼리 마음대로 웃고 떠들지 못하는 경우가 많다고 한다. 그나마 나누는 대화가 시험 성적이 안 나왔다고 나무라는 잔소리뿐이라니……. 가정에 따뜻함은커녕 차디찬 냉기마저 돈다.

부모는 자녀에게 실망하고, 자녀는 부모를 향한 분노로 가득 찬 가정에서 노마드 시대에 성공할 만한 자녀가 성장하기란 불가능하다. 정주민 시대에야 방에서 글만 읽다가도 팔자를 고치는 경우가 있었지만, 노마드 시대에는 많은 사람과 소통하고 세상을 향해 당당하게 나설 수 있는 자신감이 필요하다. 웃음과 대화를 잃어버린 채 분노와 절망으로 가득 찬 자녀가 노마드 시대의 주역이 되기를 바란다는 건 어불성설이다.

교육 전문가들은 어린 시절 다른 사람들과 따뜻한 관계를 형성했던 사람들이 어른이 되어서도 힘든 시련을 잘 이겨 낼 뿐 아니라 원만한 대인 관계를 유지한다고 말한다. 예측 불허의 상황들이 난무하는 변화무쌍한 노마드 시대는 정서적으로 안정된 인재를 필요로 한다. 그래서 따뜻한 가정에서의 성장이 중요한 것이다. 정답이 있는 문제를 신속하게 풀어내는 모범생보다는 건강한 자아를 가지고, 뜬금없이 맞부딪히게 되는 문제 상황을 창의적인 방법과 불굴의 의지로 헤쳐 나갈 줄 아는 사람이 성공하는 시대인 것이다.

어지간한 상황에서도 미소를 잃지 않고, 주변 사람들을 격려하며 새로운 길을 찾아낼 수 있는 넉넉한 인품의 노마드는 따뜻한 가정에서 자라난다. 가정이야말로 성공적인 노마드를 만들어 내는 기초 토양인 것이다. 가화만사성家和萬事成이라고 했다. 화목한 가정, 따뜻한 가정은 정주민 시대에도 성공의 비결이었지만, 노마드 시대에는 그 중요성이 더욱 높아졌다.

그러한 의미에서 노마드 시대에는 각 가정의 연대가 필수적이다. 내 가족의 울타리를 넘어 유대를 이룬 공동체가 함께 이웃 자녀를 돌보는 일에 관심을 가져야 한다.

노마드 시대에는 다양한 지역에서 전혀 다른 환경들을 접하며 살아야 한다. 문제는 환경이 다양한 만큼 질병 또한 다양할 수밖에 없다는 것이다. 결국 노마드 시대를 잘 살아가기 위해서는 강한 면역력이 필요하다. 감염을 완전히 배제할 수는 없지만, 기본적인 면역력은 갖추어야 질병치레를 막을 수 있다. 여행지에서 물만 마셔도 탈이 나는 사람이 노마드적 삶을 어떻게 살아내겠는가.

서울대 미생물학과 천종식 교수는 저서 《고마운 미생물, 얄미운 미생물》에서 이렇게 말했다.

"일부 병원성 미생물이 무서워서 아이들을 너무 미생물로부터 멀리한다면, 아토피와 같은 질환을 부를 수 있다. 아이들은 흙과 함께 자연에서 실컷 뛰놀아야 한다."

요즘 아이들이 아토피를 많이 앓고, 병치레가 잦은 이유는 주변 환경이 지나치게 깨끗한 탓이라고 생각한다. 무균실에 가까운 환경은 오히려 다양한 병원균에 대한 면역력을 가질 기회를 박탈한다. 그러니 외출할 때마다 맞닥뜨리는 환경에서 병원균에 노출되는 즉시 무력하게 점령당할 만큼 취약할 수밖에 없다.

산후조리원의 지나치게 깨끗한 환경도 재고해 봐야 한다. 요즘처럼 조부모의 도움을 받기 어려운 시대에 젊은 산모의 회복을 도와준다는 측면에서는 산후조리원의 기능이 긍정적이지만, 갓난아기가 생후 한 달 동안 온갖 균과 차단된 환경에서 지내는 것은 이후 성장에 좋은 영향을 줄 리가 없다. 옛날에도 삼칠일, 즉 21일 동안 대문에 금줄을 치고 외부와의 교류를 차단했지만, 문만 열면 마당에는 개와 닭이 돌아다니고 가까운 우리에 소와 돼지가 있었다. 수세식 화장실이 없었으니 인분이나 가축의 분뇨가 온 집안에 묻어 다니고, 잘 씻지 못한 가족들의 몸에는 다양한 병균들이 서식할 수밖에 없었다. 그런 환경에서도 건강하게 잘 자라지 않았던가.

연구에 의하면 우리 몸에는 1만 종류 이상의 세균이 1조 마리 정도 있다고 한다. 한 사람의 몸무게 중 1~3%는 세균의 무게라고 하니 인간과 세균은 떼려야 뗄 수 없는 관계다. 즉 무균 상태는 결코 건강에 도움이 되지 않는다는 뜻이다. 다양한 세균과 적당히 친하게 지내는 편이 낫다.

얼마 전 뉴스에서 갓 태어난 돼지를 가지고 한 실험에서도 깨끗한 환경에서 자란 돼지의 면역력이 현저하게 떨어졌다는 사실이 밝혀졌다. 이외에도 반

려동물과 같이 자란 아이들이 아토피에 덜 걸린다는 연구나 첫째가 어질러 놓은 지저분한 환경에서 자란 둘째, 셋째의 건강이 첫째보다 좋다는 연구도 이러한 사실을 증명한다. 지나치게 깨끗한 환경은 오히려 해가 될 수 있다. 청결한 환경을 고집하는 사람에게는 노마드의 삶이 힘들고 불편할 뿐이다.

노마드 시대에 면역력을 강화할 수 있는 제일 좋은 방법은 어린 시절부터 병균에 자연스럽게 노출되도록 하는 것이다. 놀이터에서 흙 놀이를 하고, 숲속을 뛰어다니며 자라는 것이 좋다. 어릴 때 자연을 많이 접한 사람일수록 낯선 음식이나 문화에도 거부감이 없다. 어디서든 처음 보는 음식을 맛있게 먹고, 다양한 인종의 사람들과 자연스럽게 접촉하며, 현지 문화를 제대로 즐길 줄 아는 사람으로 자랄 수 있도록 어릴 때부터 적당히 지저분하게, 수더분한 환경에서 키우는 것이 좋다.

사람에 대한 배려, 음식에 대한 배려

세계의 다양한 인종과 문화를 접하게

되는 노마드 시대에 소통만큼 중요한 자질은 없다. 보통 소통의 기본은 타인에 대한 배려에 있다고 한다. 배려의 첫 출발은 남에게 피해를 주지 않는 것이다. 식당, 지하철, 백화점 등 공공장소에서 소란스럽게 뛰어다니고 목청껏 떠드는 아이들은 노마드 시대에는 절대 환영받지 못한다. 해외 식당에서 한국인 가정의 아이들이 시끄럽고 떠들고 돌아다녀서 현지인들이 눈살을 찌푸렸다는 얘기를 들을 때마다 얼굴이 화끈거린다. 멀리 볼 것도 없이 공항 로비, 철도역 대합실, 지하철 승강장 등지에서 마치 운동장인 듯 뛰어다니며 소리 지르는 아이들이 얼마나 많은가.

남을 배려하지 않는 아이들의 무례함은 성인이 되어서도 고쳐지지 않는다. 지하철에서 큰 소리로 통화하는 사람, 이어폰을 사용하지 않고 동영상을 시청하는 사람, 옆 사람과 큰 소리로 떠드는 사람 등 주변 사람들을 불편하게 하는 사람들이 많다. 공익광고를 통하여 계속 교육해도 쉬이 개선되지 않는 것을 보면 안타까울 따름이다. 그 밖에도 주택가를 다니며 큰 소리로 광고하는 트럭, 거리에서 앰프를 켜고 자신들의 주장을 시끄럽게 떠드는 시위대, 많은 사람들이 다니는 공간에서 큰 소리로 노래하는 모습도 눈살을 찌푸리게 한다. 돌이켜보면 나도 대학생 시절 친구들과 어깨동무하고 고성방가를 했던 기억이 있다. 지금 생각하면 부끄러운 일이 아닐 수 없다.

요즘은 식당이나 지하철에서 떠드는 아이들이 많이 줄었다. 아이들이 예의범절을 익혀 얌전해진 것이 아니라 손에 스마트폰이나 게임기를 들었기 때문이라는 것이 씁쓸하다. 많은 연구를 통해 전자기기가 아이에게 끼치는 심각한 해악들이 속속 밝혀지고 있음에도 불구하고 임시방편으로 아이의 관심을 딴 데로 돌리고 있으니 이것이 낳을 다른 문제들이 우려된다.

이외에도 우리가 알게 모르게 타인에게 피해를 주는 일이 얼마나 많은가. 쓰레기를 함부로 버리거나 교통질서를 지키지 않거나 남에게 무례하게 행동하는 경우가 많다. 모두 어린 시절에 타인을 배려하는 교육을 엄격히 받지 못해서이다. 부정한 방법으로 타인의 이익을 취하거나 남에게 피해를 돌리는 것 또한 옳지 못한 일이다. 자본주의의 폐해는 배려심의 부족과 탐욕스러운 이기심에서 기인한다.

상대방에게 유익을 주지 않더라도 최소한 피해는 주지 않아야 한다. 그러나 많은 사람들이 부지불식간에 상대방에게 불편을 끼친다. 옛 노마드는 새로 만나는 부족들과 교역을 하고, 지식과 정보를 나누며 상생하는 쪽을 선택했다.

일본 학계에서 몽골 연구의 최고 권위자로 꼽히는 스기야마 마사아키杉山正明는 저서《유목민의 눈으로 본 세계사》에서 이렇게 쓰고 있다.

"몽골 확대의 핵심은 뛰어난 동료 만들기에 있다고 해도 좋다. 전쟁이라고 해도 아주 예외적인 경우를 제외하면 몽골은 거의 싸우지 않았다. 몽골은 싸우지 않는 군대였다. 전쟁은 그들에게 타자를 접수하고 흡수하는 캠페인이나 시위운동에 가까웠다.

결국, 몽골이란 인간 조직의 거대한 소용돌이였다. 그 속에 몸을 맡기면 적어도 신변의 안전은 보장되었다.

당시의 몽골 사람들은 가급적 적을 만들지 않고 동료를 늘리는 것을 우선으로 생각했다. 몽골이라는 독특한 집단 관념에서 나온 대운동은 점차 거의 자동장치처럼 작용했고 그 결과 몽골에 대한 소속의식을 공통으로 가진 사람들이 소용돌이가 겹겹이 증폭되어 동심원의 모양을 이루었다."

상대 부족을 일방적으로 약탈하거나 잔인하게 대하는 부족은 세상을 잠시 장악할지 몰라도 곧 자멸한다는 것을 잘 알았던 것이다.

노마드대디는 자녀에게 단기적인 만족이나 이득이 아니라 일생을 걸쳐 성공적인 삶을 살 수 있는 교육을 시킨다. 그것은 불편하더라도 공공장소에서 타인을 배려하며 공동체의 질서를 준수하는 법을 가르치는 데서부터 시작한다.

노마드대디는 때로 극한의 환경에 도전하기도 하고, 거북스런 환경에 처하게 된다. 경험상 그런 환경을 마다하지 않는 사람들에게 더 많은 기회가 주어진다는 것을 안다. 그렇기 때문에 자녀가 마뜩찮은 자리라도 서슴없이 도전할 수 있는 노마드로 성장하기를 바란다. 어떻게 하면 그런 용감한 노마드로 성장시킬 수 있을까? 나는 '강한 노마드 되기' 교육의 시작으로 어린 자녀가 울 때 내버려 두기를 선택했다.

서양에서는 아기가 3~4개월 정도 자라고 나면 필요한 때 이외에는 안아 주지 않고 울더라도 혼자서 잠이 들도록 훈련시킨다고 한다. 아무리 울어도 양육자가 아무런 반응을 보이지 않는다면 아기는 더 이상 울지 않게 된다. 미국 도미노피자의 창업자인 톰 모나한Tom Monaghan은 네 살 되던 해 크리스마스이브에 아버지가 돌아가시면서 고아가 되었다. 그는 훗날 "고아는 울지 않는다"고 말했다. 왜냐하면 울어도 관심을 가져 줄 사람이 없다는 것을 어려서부터 깨달았기 때문이다. 울어도 아무도 반응을 해 주지 않는다면 왜 울겠는가.

배가 고프거나 몸이 아프거나 기저귀가 불편해서 울 수도 있다. 이런 울음은 양육자가 꼭 알아야 할 신호다. 그러나 단순히 잠투정을 한다든지 안아 달라고 떼쓰며 우는 것은 분명히 문제다. 이런 울음에는 반응하지 말아야 한다. 잘못해서 일일이 반응해 주다 보면 아기는 '내가 울면 엄마, 아빠가 안아 준다'는 공식을 세우게 된다. 평소처럼 울었는데도 안아 주지 않으면 '오늘은 더 크게 울어야겠다'고 생각한다. 이렇게 울음에 대한 양육자의 무분별한 반응은 자녀가 자라면서 모든 것을 울음으로 해결하려고 하는 잘못된 울음 강화 효과를 낳는다. 마트나 백화점에서 물건을 사달라고 조르다가 안 사 주면 떼를 쓰며

울고, 그것도 안 되면 아예 바닥에 누워 데굴데굴 구르며 악을 쓰기까지 한다. 결국, 많은 부모들이 아이에게 항복하고 만다. '울어야 문제가 해결된다'는 잘못된 확신이 강화된 탓이다.

불편한 상황에서 벗어나는 도구로 울음을 이용하는 아이는 사소한 문제도 스스로 해결할 줄 모르게 된다. 참을성을 배우지 못해서 울면서 화부터 낸다. 결국, 성마른 성격이 되어 진중하지 못하고 짜증을 많이 내는 성격이 될 우려가 있다. 그러므로 울 때 내버려 두기야말로 자녀 교육의 가장 기초라고 할 수 있다.

노마드대디는 어린 자녀가 울어도 절대 안아 주지 않고 꾹 참는다. 아이가 울다가 지쳐 잠이 든 후에 깨어나 방긋 웃을 때 비로소 환하게 웃으며 안아 준다.

"우리 아기, 잘도 웃는구나. 아빠가 예쁜 아가를 안아 줄게."

이것이 웃음을 강화하는 반응이다.

미국 가족치료학회 부회장이자 가족 상담 치료 전문가인 캐더린 맥콜 Catherin McCall 박사가 자신이 상담해 온 가족들의 사례를 모아 자녀의 성장에 도움을 주는 좋은 아빠와 자녀의 성장에 문젯거리가 되는 나쁜 아빠의 행동방식을 정리했다.

"좋은 아빠는 자녀의 기분 변화에 민감하다. 그게 좋은 기분이든 나쁜 기분이든 모두 자연스러운 것으로 받아들여 공감하고 인정해 줌으로써 자녀와 친해지고 가르침을 줄 기회로 삼는다. 자녀가 느끼는 기분을 말로 적절히 표현할 수 있도록 도와주고, 어떤 식으로 바람직하게 표현해야 하는지, 어떤 것은 해서는 안 되는지를 대화를 통해 가르쳐 준다.

반면에 나쁜 아빠는 자녀의 기분을 평소에는 눈치채지 못하다가 일단 자녀가 울거나 화를 내기 시작하면 큰일이 일어난 것이라고 여기고 허둥대며 여러 가지 방법으로 달래려고 한다. 그러다가 실패하면 오히려 자기가 더 화를 낸다. 나쁜 아빠들이 이러는 이유는 자기감정을 들여다본 일이 별로 없어서, 좋은 기분과 나쁜 기분이 공존하는 것이 당연하다는 사실을 모르기 때문이다. 부정적인 기분도 필요하고 중요한 것임을 모르면 그걸 부정하려고 들고, 그러다 보면 자녀와의 대화는 현실을 무시한 일방통행이 되어 버린다."

가족을 다른 말로 식구食口라고 한다. '한집에서 함께 살면서 끼니를 같이하는 사람'이라는 뜻이다. 우리나라는 예로부터 특히 밥상머리 교육을 중시해 왔다. "세 살 적 버릇이 여든까지 간다"는 말이 있다. 어려서부터 온 가족이 함께 앉는 밥상에서 배우는 삶의 지혜가 그만큼 강하다는 이야기다. "잘 먹겠습니다"와 같은 인사말을 배우고, 한 끼의 밥이 농부의 땀방울과 부모의 노력의 결실이라는 것을 대화를 통해 배울 수 있다.

탈무드 교육 전문가 이대희 목사는 저서 《유대인의 밥상머리 자녀교육법》을 통해 유태인의 가정교육의 근본이 밥상머리에서 이루어졌음을 소개하며, 밥상머리 교육에 대한 다양한 지혜를 소개하기도 했다. 밥상머리 교육에서 가장 기본이 되는 것은 음식에 대한 예절이다.

먹을 것이 부족하던 과거에는 음식을 남기거나 버리는 것은 나쁜 짓이라고 교육받곤 했다. 특히 부모님의 쌀에 대한 애정은 남달랐다. 쌀 한 톨도 얼마나 아끼셨는지 음식을 남기면 아귀지옥에 떨어질 것이라고 무시무시한 말씀을 하시곤 했다. 아귀지옥이 무엇인가? 끊임없이 굶주림과 갈증에 괴로워하며 음식물을 입에 가져가면 불꽃이 되어 입에 넣을 수 없는 지옥이다. 한자 쌀 미(米)를 보면 팔(八)과 십(十)과 팔(八)이 합쳐진 걸 알 수 있다. 쌀 한 톨이 만들어지기까지 88가지 공정이 필요해서 만들어진 글자라고 한다. 농사가 사람의 손이 얼마나 많이 가는 일인지를 한눈에 보여 준다고 하겠다. 요즘 같이 먹을 것이 풍부한 환경에서 음식을 남기지 않도록 가르치기는 쉽지 않다.

옛 노마드의 삶은 풍요롭지 않았다. 늘 굶주림에 사냥감을 찾아 달려야 했다. 특히 긴 여정 중에 먹을 것이 떨어져 고생해 본 사람들은 음식이 얼마나 소중한지 자주 깨닫는다.

　오늘날 모든 것이 풍요로운 시대에도 음식을 소중히 여겨야 하는 이유는 분명히 있다. 가장 와 닿는 것은 바로 음식쓰레기 문제다. 각 가정에서 쏟아져 나오는 음식쓰레기는 환경을 파괴하고, 처리를 위해 많은 에너지가 소비된다. 최근에 도입된 음식물 쓰레기 세대별 종량제는 음식물 쓰레기를 버릴 때마다 무게에 따라 돈을 지불하도록 하고 있다. 이래저래 필요한 만큼 또는 먹을 만큼 음식을 준비하고, 준비된 음식은 남기지 않고 다 먹는 교육이 필요하다.

　사실 음식을 소중히 여겨야 되는 보다 중요한 이유는 지구상에 아직도 기아로 허덕이는 빈곤국이 있기 때문이다. 선진국에서 무절제로 버려지는 음식들이 제대로 분배만 되어도 제3세계의 굶어 죽어 가는 많은 사람들을 살릴 수 있다고 하지 않는가.

　그뿐만 아니라 음식이 식탁 위에 오르기까지의 과정에 관계한 많은 사람들의 수고에 감사할 줄 알아야 한다. 식재료로 희생된 수많은 동식물에 대한 고마움도 잊지 않아야 한다. 타인의 수고와 동식물들의 희생에 감사할 줄 안다면 음식을 함부로 하찮게 여길 수는 없을 것이다.

　이렇듯 음식을 소중히 여기도록 가르치는 것은 환경에 대해 관심을 끌게 하고, 굶주린 사람들에 대한 배려를 가르치며, 식사할 때마다 감사한 마음을 깨닫게 해 주는 반드시 필요한 교육이다. 음식을 소중히 여기도록 가르침을 받

은 노마드키즈는 가는 곳마다 환경을 보호하고 이웃을 배려하며 주어진 음식
에 감사하며 살기 때문에 어디서든지 환영을 받게 된다.

예의 교육은
호되고 따끔하게

대인관계에서 첫인상만큼 강렬한 것
이 있을까. 미국의 유명 가수 주디 갈랜드Judy Garland는 "첫인상은 누구도 두 번
줄 수 없다. 그러나 그 위력은 의외로 막강하다"고 말했다. 첫인상은 소통의 시
작이다. 최초 5초 만에 결정된다는 첫인상이 좋지 않으면 이후 관계를 지속하
기가 쉽지 않다. 결국 밝은 미소와 상대방에 대한 배려심이 묻어나는 표정이
몸에 배어 있어야 한다. 어릴 적 기본예절 교육을 통해 예의가 몸에 배어야 한
다.

기본예절 중 가장 기초가 되는 것은 역시 인사다. 특히 노마드 시대에는
인사가 매우 중요하다. 어린 자녀에게 동네에서 만나는 어른들에게 인사하도
록 가르치는 것은 꼭 필요한 교육이 아닐 수 없다. 처음에는 어색하겠지만 몇

번만 인사를 하면 곧 얼굴을 알아본 다른 어른들이 반갑게 맞아 주며 "학교에 잘 다녀왔니?" 하고 먼저 말을 건네기도 하니 참 아름다운 모습이다.

해외여행을 하다 보면 마주치는 모르는 사람에게도 반갑게 눈인사하는 사람들을 많이 보게 된다. 그런데 우리나라 사람들은 영어 울렁증 때문인지 평소 습관이 되어 있지 않아서인지 무뚝뚝하게 반응해서 상대방을 무안하게 만드는 경우가 많다.

인사는 자녀의 교육 기회를 넓혀 주는 최초의 관문이라고 할 수 있다. 자녀와 등산을 하거나 사람이 붐비는 곳을 지날 때 지나치는 사람들에게 가볍게 인사하는 법을 가르치는 것이 좋다. 오랜 시간 등산하느라 지친 사람들끼리 반갑게 인사를 나누는 것은 인사를 하는 사람이나 받는 사람이나 모두에게 유쾌한 일이다. 산을 좋아하는 사람들은 특히 산만큼이나 사람을 좋아한다. 인사를 나누는 동안 산사람들은 배낭을 열어 사탕이나 초콜릿을 나눠 주기를 좋아한다. 이런 경험이 노마드키즈에게는 인사 예절을 강화하는 좋은 계기가 될 것이다.

두 번째 기본예절은 존댓말의 사용이다. 어법에 대해서는 집안마다 차이가 있지만 처음 만나는 사람에게 존댓말을 사용하는 것은 보편타당한 예의라고 할 수 있다. 특히 적절한 존댓말은 노마드키즈가 사회에서 만나는 어른들에게서 인정받을 수 있는 좋은 태도다. 어법에 맞지 않는 존댓말 사용은 사회적 웃음거리가 되기도 한다. 국립국어원 〈표준 언어 예절〉에 따르면 유통업계에서 판매사원이 고객을 응대할 때 많이 쓰는 "사이즈가 없으십니다" "포장이세요?" "상품은 품절이십니다" 등은 손님이 아닌 사물을 존대하는 잘못된 표현이다. "음료가 나오셨습니다" "2,000원이십니다" 따위의 비문이 일상어처럼 되어 실소를 자아낸다. 가정에서 존댓말 교육을 제대로 받았다면 일어나지 않을 일들이다.

행동거지 중에서 언어는 매우 중요한 소통의 수단이다. 언어를 통하여 예의를 표하는 최고의 방법이 존댓말이 아닌가. 존댓말이 상하 위계질서를 강조하기 때문에 자유롭고, 평등한 수평적 의사소통 방식을 강조하는 현대 사회에는 맞지 않는다고 할지도 모른다. 그러나 상대방에 대한 예의를 갖추는 것이라는 면에서 존댓말의 사용은 시대를 뛰어넘어 가장 중요한 덕목 중의 하나라고 할 수 있다.

마지막으로 노마드대디는 식사 예절로서 어른이 먼저 식사를 시작할 때까지 자녀가 기다리도록 가르친다. 윗사람을 공경하는 법은 가정이 아니면 배울 수가 없는 시대가 되었다. 또한, 한국인의 식사 예법을 배울 기회도 한정적이다.

문화재보호재단에서 정리한 〈우리의 전통 식사 예절〉을 보면 스무 가지가 넘는다.

1. 어른이 자리에 앉은 다음에 아랫사람이 앉는다.

2. 몸을 상을 향해 곧게 앉되 상 끝에서 몸까지의 간격이 주먹 하나 들어갈 정도로 앉는다.

3. 아랫사람이나 주부 또는 보조인이 음식의 덮개를 연다.

4. 어른이 수저를 든 다음에 아랫사람이 든다.

5. 숟가락으로 국이나 김치, 국 등 국물을 먼저 떠먹은 다음에 다른 음식을 먹는다.

6. 넝쿨진 음식은 젓가락으로 집어 먹는다. 젓가락을 들 때 숟가락은 먹던 밥그릇이나 국그릇에 넣어 걸친다.

7. 어른이 좋아하는 음식은 사양하며 먹지 않는다.

8. 멀리 있는 음식은 사양하고 가까이 있는 음식을 주로 먹는다.

9. 반찬을 뒤적이거나 들었다 놓았다 하지 말고 한 번에 집으며, 여러 번 베어 먹지 않고 한입에 먹는다.

10. 수저에 음식이 묻지 않게 깨끗하게 빨아 먹는다.

11. 보조 접시에 음식을 덜어 먹는다.

12. 입안에 든 음식이 보이거나 튀어나오지 않게 먹는다.

13. 마시거나 씹는 소리, 수저나 그릇이 부딪치는 소리가 나지 않게 먹는다.

14. 상 위나 바닥에 음식을 흘리지 말고 먹는다.

15. 고기의 뼈, 생선 가시, 음식물 등의 이물질은 눈에 안 띄게 간수한
다.

16. 밥, 국그릇에 찌꺼기가 붙지 않게 정갈하게 먹는다.

17. 식사 중에는 어른이 묻는 말에 대답하되 이외의 공연한 잡담을 하
지 않는다.

18. 음식에 대해 타박을 하거나 식사 전후에 트림을 하지 않으며 상머
리에서 이를 쑤시지 않는다.

19. 물을 마실 때 양치질을 하지 않는다.

20. 너무 빠르거나 지나치게 늦게 먹지 말고 다른 사람과 같은 시간에
식사가 끝나게 조절한다.

21. 식사가 먼저 끝나더라도 숟가락을 상 위에 놓지 말고 밥그릇이나
국그릇에 젓가락을 들 때와 같이 놓는다.

22. 어른보다 먼저 일어나지 않는다.

현대에는 이것 모두를 철저하게 지키지 못한다고 해도 "어른이 수저를 든
다음에 아랫사람이 든다"는 하나만이라도 제대로 가르친다고 해도 우리 자녀
들은 세계 노마드 사이에서 한국인 노마드로서 자긍심을 가질 수 있을 것이다.

많은 부모들이 자녀의 기를 살리기 위해 애쓴다. 그것이 자녀의 미래를 위해 필요한 것이라고 믿기 때문이다. 그러나 노마드대디의 생각은 다르다. 진짜 기를 살리기 위해서는 먼저 기를 죽이는 훈련이 필요하다. 먼저 인간이 된 다음에 기를 살려야 한다는 뜻이다. 이미 기가 펄펄 살아있는 아이를 훈육하여 인간을 만드는 것은 거의 불가능에 가깝다고 할 수 있다.

백화점에서 자기가 원하는 물건을 사 주지 않는다고 바닥에 드러누워 떼를 부리는 아이를 이기기란 쉽지 않다. 사 줄 필요가 없다거나 사 주지 말아야겠다는 판단이 들었다면 아이가 어떤 떼를 쓰더라도 사 주지 말아야 한다. 경우에 따라 조건 하에 다음에 사 주겠다고 약속하고, 자녀가 조건을 이행했을 때 약속을 지키는 것은 좋은 교육이 될 수 있다.

스탠퍼드 대학의 심리학자 월터 미셸Walter Mischel 박사의 〈마시멜로 실험〉 이야기는 매우 유명하다. 1966년 그는 네 살배기 653명 각자에게 마시멜로가 한 개 들어있는 접시와 두 개 들어있는 접시를 보여 주었다. 지금 먹으면 한 개를 먹을 수 있지만, 선생님이 돌아올 때까지 먹지 않고 기다리고 있으면 두 개를 주겠다고 약속했다. 그러고는 마시멜로가 들어있는 그릇을 아이 앞에 남겨 놓고 방에서 나갔다. 아이들의 반응은 다양했다. 바로 먹어 치우거나 선생님이 돌아올 때까지 기다리거나. 15년 후 이 아이들이 십 대가 된 후에 다시 만났다. 그리고 그 연구 결과를 1981년에 발표했다.

실험 당시 마시멜로를 먹지 않고 오래 참은 아이일수록 가정이나 학교에서의 삶 전반에서 참지 못한 아이들보다 훨씬 우수했고, 대학입학 시험SAT에서도 또래에 비해 뛰어난 성취도를 보였다. 반면 인내하지 못했던 아이들은 비만, 약물중독, 사회 부적응 등의 문제를 가진 어른으로 자랐다고 한다. 이 실험만 보더라도 자녀에게 기다리는 법을 가르치는 것이 얼마나 중요한지 알 수 있다.

중국인들에게 항우의 오추마烏騅馬는 관우의 적토마赤兔馬와 함께 가장 유명한 말이다. 전장에서 주인과 함께 죽었다는 의리의 명마, 오추마는 초楚나라를 일으킨 항우가 탔던 말로 까마귀 오烏 자에서 알 수 있듯이 검은 털과 흰 털이 섞인 말이었다. 전설에 의하면 어느 마을에 용 한 마리가 호수에 내려오더니 말로 변해서 사납게 날뛰었는데 아무도 감히 탈 엄두를 내지 못했다고 한다. 마침 근처를 지나던 항우가 이를 발견하고 한참 씨름한 끝에 제압하고 길들였다. 이 말이 바로 오추마였다. 이처럼 자녀는 길들여지지 않은 무한한 잠재력으로 가득 차 있다. 내면을 강하게 다져 주고 나서 기를 세워 준다면 오추마 못지않은 잠재력을 발휘할 것이다. 노마드키즈는 그렇게 자라난다.

자녀의 기를 죽여야 한다는 것은 자녀의 자존감을 짓밟거나 인격을 무시하라는 이야기가 아니다. 어떤 상황에서도 자신을 절제할 줄 알고, 공공장소에서 질서를 지킬 줄 알도록 먼저 엄하게 가르쳐야 한다는 뜻이다. 엄하게 가르치다 보니 자칫 기가 죽어 보일 수 있다. 그러나 오히려 바른 행동과 깍듯한 예의로 주변의 칭찬을 받으며 자라게 되니 시간이 갈수록 내면은 단단해지고 진정한 기가 살게 된다.

반대로 어려서부터 기를 살려 준다는 미명하에 통제하지 않고 무절제하게 키운 자녀는 시간이 갈수록 주변의 눈총을 받게 된다. 펄펄 기가 살았던 아이가 주변의 핀잔과 차가운 눈빛에 기가 죽기 시작한다. 자녀가 천방지축으로 행동하고 떠들며 다녀서 바깥출입 하기가 두렵다는 하소연을 종종 듣는다. 사실 아이를 탓할 이야기가 아니다. 그렇게 자라도록 방치한 건 부모나 조부모이기 때문이다.

미국에서는 자녀가 대학에 들어갈 때까지는 방문을 항상 열어 두도록 한다는 말을 들었다. 부모가 언제라도 원할 때는 자녀의 방에 들어갈 수 있다는 뜻이다. 그런데 우리나라에서는 초등학교 고학년만 되어도 방문을 걸어 잠그는 일이 많다. 속상한 부모가 문을 두드리며 "아무개야, 문 좀 열어 봐. 문 열라고! 열 거야, 안 열 거야?" 하고 소리 지른다.

부모와의 대화의 문을 닫고, 기성세대의 소리에 귀 기울이지 않는다면 기본적인 소양을 습득하지 못하게 된다. 노마드 시대를 살아갈 지혜를 얻는 길이 차단되는 것이다. 그래서야 성인이 되어서 제 역할을 제대로 감당할 수 없다. 그러므로 노마드대디는 자녀가 항상 자신의 문을 열고 어른의 말을 들을 수 있도록 가르친다.

노마드대디는 필요할 경우엔 체벌도 개의치 않는다. 운명공동체인 노마드의 삶에 있어서 엄격한 규율은 필수불가결하다. 때문에 자녀 양육 시 규율을 가르치기 위한 체벌 또한 필수적이라고 할 수 있다. 자녀가 어릴 때일수록 작은 체벌로도 큰 효과를 볼 수 있다. 그러나 매를 드는 시기를 놓치면 그릇된 행동을 다잡기가 점점 더 어려워진다. 초등학교 입학할 무렵까지 엄격하게 가르치는 것이 좋다.

나는 노마드대디로서 체벌의 열 가지 원칙을 세웠고 이에 따라 자녀들을 가르쳤다. 소개하자면 다음과 같다.

첫째, 체벌의 정도는 사전에 정의한다. 동생을 때리면 두 대, 거짓말을 하면 세 대 등으로 잘못에 대해서 체벌의 정도를 정한다. 그렇지 않으면 부모의 기분에 따라 체벌의 정도가 달라질 수 있다. 체벌의 정당성을 확보하지 못하면 자녀는 반성보다는 억울하다는 생각을 먼저 하게 된다.

둘째, 잘못한 순간 즉시 체벌한다. 시간이 지나면 아이는 자기가 잘못했다는 사실을 잊어버리고 만다. 뒤늦은 체벌은 잘못을 뉘우치게 하기는커녕 부모에 대한 반감만 불러일으킬 수 있다.

셋째, 체벌은 남들이 보지 않는 데서 한다. 사람들 앞에서 매를 맞게 되면 누구나 모욕감을 느끼게 마련이다. 모욕감이 들면 자기 잘못에 대해 반성을 하기가 힘들다. 그러므로 공공장소에서 잘못한 경우에는 화장실이나 사람들의 왕래가 적은 계단같이 외진 곳에서 혼내는 것이 좋고, 다른 사람이 지나갈 때는 멈추어야 한다.

넷째, 잘못을 인정할 때만 체벌한다. 아무리 생각해도 잘못을 인정할 수 없는 경우도 있다. 특히 형제간의 다툼은 서로가 억울한 경우가 많은데, 이 경우 충분히 설명해서 잘못을 인정하면 체벌해도 되지만, 그렇지 않으면 아예 체벌을 하지 않는 편이 낫다. 무조건 잘못하지 않았다고 우기는 경우에는 전후 상황을 설명하고, 나쁜 행동이 향후 미칠 영향에 관해 설명함으로써 아이가 스스로 잘못을 시인하도록 유도해야 한다.

다섯째, 아이와 눈높이를 맞추고 서로 마주 보며 이야기한다. 어른이 내려다보는 자세로 아이의 잘못을 지적하는 것은 좋지 않다. 자녀가 위압적으로 느끼기 때문이다. 게다가 아이가 어른에게 말을 하기 위해 고개를 들면 반항적으로 보인다는 이유로 야단을 맞기까지 한다. 그렇다고 아이가 고개를 숙인다고 해서 반성하고 있는 것은 아니다. 짜증 난 표정으로 입을 비죽거리고 있을 수도 있기 때문이다. 아이가 어릴수록 어른은 바닥에 앉고, 아이는 서 있는 자세에서 서로 눈을 맞추며 대화를 나누는 것이 좋다.

여섯째, 체벌할 때는 반드시 도구를 사용한다. 손이나 발을 사용해서 직접 신체에 매를 가할 경우 심한 모욕감을 느끼게 된다. 30센티 자나 적당한 크기의 매를 미리 약속해 두어 손바닥이나 엉덩이나 종아리 등을 정해서 때리는 것이 좋다. 머리와 얼굴은 절대로 피해야 한다.

일곱째, 잘못에 대한 판단은 객관적이어야 한다. 방을 치우지 않으면 혼내 겠다고 미리 약속해 두었다면, 방이 지저분할 때 반드시 혼내야 한다. 만약 "오늘은 기분이 좋으니까 그냥 넘어가자"라고 한다면 막상 정말로 혼날 때 자기가 잘못해서 혼났다기보다는 그날따라 엄마 아빠의 기분이 좋지 않아서 혼나는 것이라고 생각할 것이다. 약속은 지키면서도 체벌의 정도를 조절할 수는 있다. 예를 들어, "방은 어지럽지만 오늘 형제들끼리 사이좋게 지냈기 때문에 살살 때리겠다"고 말이다.

여덟째, 과민반응을 보이더라도 끝까지 혼낸다. 매만 들면 울면서 잘못했다고 싹싹 빌거나 자지러지게 우는 아이들이 있다. 심한 경우에는 토하기도 하는데, 이럴 때 마음이 약해져서 체벌을 그치면 아이는 그것을 학습하게 된다. 울음이 멈출 때까지 기다리고, 토한 것을 정리한 뒤에라도 체벌을 끝까지 마쳐야 한다.

아홉째, 부부간에 옆에서 절대로 간섭하지 않는다. 엄마가 체벌하는데, 아빠가 옆에서 "왜 그런 것을 가지고 혼을 내느냐"고 한다면 오히려 역효과가 일어난다. '내가 맞을 짓을 하지도 않았는데 엄마가 나를 때리는구나'라고 생각할 것이기 때문이다.

열 번째, 결자해지結者解之. 가장 중요한 원칙이다. 부모 중에 한쪽이 악역을 맡고, 다른 한쪽이 아이를 달래는 경우가 많다. 그러나 그런 방식이 반복되면 아이는 부모 중 한 사람은 나쁜 사람, 한 사람은 좋은 사람으로 여기기 쉽다. 언제나 매를 들었던 사람이 아이를 안고 토닥거림으로써 체벌을 완성해야 한다. "많이 아팠지? 매를 드는 내 마음도 아파. 사랑해서 혼내는 것이니까 이해해"라는 사랑의 말을 다정하게 해 주는 것, 이것이 바른 마무리다.

대개 엄마들은 매를 들지 않는 대신에 잔소리를 한다.

"너 혼날 줄 알아. 밥 안 줄 거야. 쫓아내 버릴 거야. 아빠한테 이를 거야. 내가 못 살아. 못 살아. 엄마가 속이 터져 죽어 버렸으면 좋겠니? ……."

어릴 때는 잔소리를 듣지만 조금만 자라도 속으로 '어이구, 또 잔소리가 시작되는군. 조금만 참자' 하고 생각하게 된다. 엄마의 잔소리는 잔소리대로 길어지고, 목소리도 커질 수밖에 없으니 잔소리가 아닌 굵고 짧은 체벌로 단호하게 가르치는 편이 낫다. 단호함이야말로 제대로 된 노마드키즈를 만든다.

정리정돈은
필요조건

태어난 곳에서 평생 살아가는 사람들
의 경우에는 물건들을 보관할 장소를 여기저기 가지고 있기 때문에 잡다한 물
건들도 보관해 두는 경우가 많다. 온갖 잡동사니와 뒤섞여 사는 사람들이 주
변에 꽤 많다. 절약 습관이나 취미로 수집하는 수준을 넘어서면 심한 경우에
는 물건을 버리지 못해 쓰레기더미 속에서 살아가기도 한다. 저장강박증이라
고 하는데, 어떤 물건이든지 사용 여부와 관계없이 계속 저장하고, 그렇게 하
지 않으면 불쾌하고 불편한 감정을 느끼게 되는 일종의 치료가 필요한 행동장
애다. 역동적인 삶을 사는 노마드에게서는 찾아볼 수 없는 장애다.

삶의 근거지를 수시로 옮겨 다니는 노마드에게 정리정돈은 필수적이다.
평소에 물건들이 잘 정돈되어 있어야 쉽게 짐을 꾸릴 수 있다. 불필요한 물건
은 과감히 처분할 줄도 알아야 하며, 물건을 구입할 때도 신중을 기해야 한다.
근래에는 사무실에 고정 책상을 두지 않는 회사가 많다. 이럴 때 업무에 필요
한 최소한의 짐만 사물함에 보관한다. 이와 달리 여전히 고정 책상을 두거나
개인 사무실을 운영하는 경우에는 필요하지 않을 것 같은 온갖 물건들도 자료
삼아 쌓아 두고 있는 경우가 많다.

노마드의 삶에 있어서 정리정돈은 필요조건이 된다. 정리정돈을 할 줄 모르는 사람은 노마드 시대를 제대로 살아가기가 힘들다. 물건을 어디에 두었는지 몰라 늘 잃어버리고, 필요한 물건을 찾다가 시간을 허비하고, 짐을 꾸리는데 지나치게 많은 시간을 소비해야 한다면 노마드로서 순발력 있게 나아가기가 쉽지 않다. 여행을 잘 다니는 사람, 출장이 잦은 사람들은 대개 신속하게 짐을 잘 꾸리는 훈련이 된 사람들이다.

자녀를 과잉보호하여 키우면 나중에 여러 가지 문제점들을 많이 드러내게 마련이다. 어려서부터 엄마가 자녀의 정리정돈을 도맡아 한다면, 결과적으로 아이는 정리정돈 습관을 배울 기회를 잃고 만다. 과거에는 모두가 가난했기 때문에 워낙 가진 물건이 적을뿐더러 가진 것을 소중하게 여겼기 때문에 여간해서는 잃어버리는 일이 많지 않았다. 그러나 요즘은 자기가 무엇을 가졌는지 제대로 기억하지 못할 만큼 지나치게 풍족한 시대다. 그렇다고 해서 물건을 잃어버리는 일이 예사로운 일이 되어서는 안 된다.

노마드대디는 자녀가 어릴 때부터 자기 방은 자기가 치우도록 가르치고, 놀고 난 자리도 스스로 정리하도록 가르친다. 이것은 성공적인 노마드로 성장하게 하게 하기 위한 중요한 기본교육이다.

또 여행을 떠날 때는 가급적 자기 짐은 스스로 챙기게 함으로써 여행에서 필요한 물건과 불필요한 물건이 무엇인지 자연스럽게 구별할 수 있도록 지도

한다. 집으로 돌아온 후에는 여행지에서의 기록과 흔적을 자녀가 정리하도록
하는 중요한 과업을 부여한다. 요즘은 스마트폰 하나에 온갖 정보와 기능을 결
합하고, 정리, 보관해 주는 기술들이 많이 개발되어, 노마드에게 큰 도움을 주
고 있다.

역경과 유혹을
이겨 내는 힘, 자존감

노마드는 전 세계를 무대로 다양한 환
경에서 살아가는 다양한 사람들과 접하며 살아간다. 이때 가장 중요한 것 중의
하나가 자존감이다. 다양한 부류의 사람들 앞에서 주눅이 들지 않고, 힘든 상
황에서도 의지가 꺾이지 않기 위해서는 자기 존재에 대한 자부심이 전제되어
야 한다.

그래서 노마드대디는 자녀에게 가족과 민족에 대한 자부심을 가르친다.
자존감이란 우선 행복한 가정에서 부모의 사랑을 충분히 받는 자녀라는 자신
감에서부터 생겨나게 마련이다. 그다음에는 자기 존재에 대한 자긍심을 느끼

게 할 수 있는 가르침이 필요하다. 좋은 가문, 좋은 출신학교 등이 자긍심을 높이는 이유가 될 수도 있다. 그러나 조건에 근거한 자존감은 상대적일 수밖에 없는 한계가 있다. 더 좋은 가문, 더 좋은 학력을 가진 사람들 앞에서는 내세울 것이 없을 테니까 말이다.

자기 존재의 소중함을 알게 하는 방법으로 종교만큼 좋은 문화적 배경도 없다. 아무 의미 없이 우연에 의해 태어나 무로 돌아가는 인생으로 살아가는 것보다는 하나님의 계획이나 정해진 운명이라는 큰 계획에 따라 태어났다는 믿음을 갖고 살아가는 편이 훨씬 든든할 것이다. 또한, 사랑과 희생을 강조하는 기독교의 십자가 구원 이야기나 인류의 불행을 대신해 준다는 많은 종교가 가르치는 믿음이 노마드 시대를 살아가는 자녀들에게 희망과 용기를 줄 수 있을 것이다.

부족이나 민족의 탄생 설화들이 거창하고 기이한 이야기를 담고 있는 이유는 후손들에게 자존감을 심어 주기 위한 것이며, 학교 교가가 큰 산과 큰 강의 정기를 받았다는 신화적인 내용을 담고 있는 것 또한 종교적인 스토리를 통해 학생들에게 자존감을 심어 주려는 의도가 아니겠는가.

청소년들의 탈선으로 힘들어하는 가정이 많이 있다. 욕설, 음주, 흡연, 폭력, 금품 갈취, 절도, 동물 학대, 기물 파괴, 왕따, 게임 중독, 가출 등 적극적인 탈선과 게으름, 무기력, 무책임, 무절제, 무비전 등 소극적인 탈선에 이르기까지 자녀들이 성장하면서 부모의 속을 썩이는 일이 참으로 많다. 이 같은 탈선 행위는 공동체 생활에서는 엄격히 금지되고 처벌될 내용이다. 세계라는 들판을 달리는 노마드에게는 특히 있어서는 안 될 태도다.

그러나 청소년의 탈선을 일일이 쫓아다니며 제어하거나 고쳐 주기는 현실적으로 불가능한 일이다. 애초에 가정에서 자녀들을 자존감 높은 아이로 키우는 것이 가장 좋은 예방책이라고 할 수 있다. 자신의 가치를 알고, 그 가치를 드러내는 것을 중요하게 생각하는 사람은 옳지 않은 유혹에 쉽게 넘어가지 않는다. 마크 트웨인Mark Twain의 《왕자와 거지》를 보면 자존감이 얼마나 큰 힘을 발휘하는지 잘 알 수 있다. 서로 모습이 닮은 거지 톰 캔디와 왕자 에드워드 튜더가 장난삼아 옷을 바꾸어 입고 나서 모든 것이 완전히 뒤바뀐 채 한동안 살아가게 된다. 왕자가 된 거지 톰은 왕궁에 살면서도 거지라는 자각 때문에 거지처럼 지내고, 반대로 거지가 된 에드워드 왕자는 빈민굴에서 살면서도 자기가 왕자라는 걸 알기 때문에 왕자답게 살아간다. 이것이 자존감의 힘이다.

자신이 속한 가문, 학교, 종교에 대한 자부심, 나아가 한국인으로서의 자부심이 세계를 누비는 노마드로서 당당하게 설 수 있도록 힘을 준다. 노마드대디는 자존감의 힘을 알고 있고, 자녀에게 그 힘을 물려주는 것을 중요하게 여긴다.

많은 부모들이 자녀의 기를 살리기 위해
애쓴다. 그것이 자녀의 미래를 위해
필요한 것이라고 믿기 때문이다.
그러나 노마드대디의 생각은 다르다.
진짜 기를 살리기 위해서는
먼저 기를 죽이는 훈련이 필요하다.
먼저 인간이 된 다음에
기를 살려야 한다는 뜻이다.

1

소통이 지경을
넓힌다

노마드로서 자랄 수 있는 기본이 갖추어졌다면 본격적으로 성공적인 노마드인으로 성장하는 데 필요한 요소들을 가르쳐야 한다.

제일 먼저 필요한 것은 소통 능력이다. 처음 접하는 사람들과 제대로 소통할 수 있는 능력은 성공적인 노마드로서 가져야 할 가장 필수적인 요소다. 말 한마디가 빚만 갚는 것이 아니라 인생을 바꿀 수도 있는 법이기 때문이다. 소통은 세계를 확장시키는 비결이다. 소통할 줄 아는 만큼 멀리 달릴 수 있고 결과적으로 지경地境이 넓어진다.

가족과 친척은
사막의 오아시스

자녀가 경험하는 첫 번째 소통은 아무래도 가족과 친척과의 소통일 것이다. 태어나면서부터 부모와 형제자매를 만나고, 조부모, 외조부모, 삼촌, 고모, 외삼촌, 이모, 사촌 등 친척들을 만나게 된다. 점차 핵가족화되고, 출산이 줄어들어 예전처럼 친척이 많은 것은 아니지만, 친척과의 만남은 아이들에게 소통의 능력을 키우는 좋은 시험대가 된다. 만나는 친척이 많을수록 경험의 폭이 넓어지게 마련이고, 그만큼 소통력도 길러진다.

요즘은 성적을 조금이라도 더 올리려는 생각에서 명절에 친척 집 방문하기를 꺼리는 경우가 많다고 한다. 그러나 노마드대디의 생각은 다르다. 친척들을 통해 가문에서 자기의 위치를 알고, 어른을 대하는 예절을 자연스레 배우는 것은 점수 몇 점 올리는 것보다 훨씬 더 가치 있고 중요한 일이다. 자녀에게 친척들을 소개하고, 가족의 의미를 가르치는 것이야말로 자녀의 삶의 뿌리를 튼튼하게 심어 주는 일이다. 뿌리 깊은 나무가 바람에 흔들리지 않는다는 옛말처럼 많은 가족의 일원으로서의 자신을 발견하는 것은 자존감을 높여 줄 뿐만 아니라 가족의 미래를 함께 만들어야 할 책임감도 느끼게 되니 자녀의 성장에 좋은 밑거름이 된다.

손이 귀한 집안이나 실향민 가족은 친척 구성원이 적을 수 있다. 그러나 그런 경우일수록 오히려 가족의 소중함이 더 진하게 느껴질 것이며, 앞으로 크게 번창할 가족의 미래를 상상해 보는 것에서 힘을 얻을 수 있다. 얼마 되지 않는 식구들과의 깊은 유대를 통해 대가족 이상의 위로와 격려를 경험할 수도 있지 않겠는가.

노마드에게 있어서 가족과 친지의 중요성은 무시할 수 없이 크다. 여러 지역에 흩어져 사는 피붙이의 존재야말로 노마드에게는 사막의 오아시스와도 같다. 그들을 통해 얻는 정보와 지원이 천군만마 못지않게 귀하다.

소셜네트워크가 발달한 시대다. 친척들을 직접 찾아가 만나지 않더라도 서로 소식을 전하고, 사랑을 나누는 데 장애가 없다. 스카이프나 카카오톡 또는 페이스북 등 SNS를 통하여 거리에 상관없이 서로 안부를 물을 수 있는 세상이 되었다. 가족, 친척들이 함께 SNS를 통해 소통함으로써 근황과 생각을 나누는 것이 노마드에게는 커다란 힘이 된다.

요즘은 자녀들이 SNS를 할 때 일부러 부모와 친구 관계를 맺지 않는다고 한다. 부모가 같은 SNS에 가입하기라도 하면 계정을 차단하는 경우도 있다. 그러나 얼굴을 맞대고는 쑥스러워서 하지 못하는 말을 문자나 영상을 통해 나누는 것은 이전 시대에는 없었던 매우 유익한 방법이다. 적극적으로 활용할 필요가 있다.

SNS가 친척 간의 소통에 유용한 이유는 여전히 아날로그식 글쓰기와 맥락을 같이하기 때문이다. 즉 사적인 편지와 대화를 대체하는 기능을 충분히 하고 있다는 뜻이다. 노마드 시대에 불가피하게 세계 각지에 떨어져 살아가는 친척들과 SNS를 통해 소통하는 것은 자칫 소홀해지기 쉬운 유대감을 강화해 주는 좋은 기회가 될 것이다.

친구를 통해 자신을 본다

정주민의 삶을 가장 확실하게 지켜 주는 것은 바로 땅이다. 안정된 자리만 확보할 수 있으면 안정적으로 삶을 계속 유지할 수 있다. 그래서 정주민 사회에서는 소유 의식이 강하다. 좋은 땅을 차지하기 위해 서로 싸우고 경쟁한다. 이권을 지키기 위해 사람들은 저마다 혈연으로 뭉치고, 지연으로 묶고, 학연으로 뭉쳤다. 부차적으로 계급과 계층이 먹이사슬처럼 생겨났다. 따라서 정주민 사회는 수직적 사고가 이끄는 사회다.

그에 반해 옛 노마드는 주변을 둘러봐야 살 수 있다. 생존을 위해 싱싱한

풀이 널려 있는 광활한 들판을 찾아 헤맨다. 그러기 위해서 이동 기술을 개발해야 했고, 더 좋은 무기로 무장해야 했다. 살기 위해서 집단으로 이동해야 하는 사회였기 때문이다. 그들에게는 고향이 따로 없다. 한번 떠나면 그만이다. 들판에는 주인이 따로 없었다. 오직 실력으로 주인 자리를 겨룰 뿐이었다. 기회는 누구에게나 항상 열려 있었다.

노마드에게 한곳에 안주하는 것은 허락되지 않았다. 승부 근성을 기르고 끊임없이 도전해야 했다. 그러나 여정 중에 누구를 만나든지 포용하는 개방성이 있어야 했다. 새로운 지역에 대한 정보와 적응의 효율이 중요했기 때문이다. 따라서 이동을 숙명으로 삼는 만큼 현지에 적응하고 이민족의 문화를 포용하는 유연한 마인드를 갖게 되었다. 노마드에게 동료와 동맹 관계는 무엇보다 중요한 것이었다.

이와 마찬가지로 세계를 넘나드는 오늘날의 노마드에게도 친구라는 존재는 매우 중요하다. 여정에 필요한 정보를 나눠 주는 동맹 관계이자 언제든 필요한 것과 안전을 제공받을 수 있는 보급 창고와도 같은 존재이기 때문이다.

많은 엄마들이 자녀에게 이렇게 이야기한다.

"나쁜 친구를 사귀면 안 돼."

"넌 왜 저런 애랑 사귀니. 그만 만나."

"네가 나쁜 친구들과 다니니까 성적이 떨어지는 거야. 이제부터 공부 잘하는 애랑 친하게 지내."

그러나 노마드대디는 자녀의 친구를 판단하지 않는다. 자녀가 사귀는 친구들은 모두 좋다고 여긴다. 자녀가 좋아서 선택한 만남이기 때문이다. 자녀가 좋아하는 친구를 반겨 주는 것은 그만큼 자녀의 의사를 존중한다는 표시다. 부모에게 존중받고 있다는 믿음만큼 자녀에게 든든한 정서적 자산은 없다.

자기보다 외모나 성적 면에서 우월한 친구를 사귀는 것도 좋다. 그들에게서 자기에게는 부족한 장점을 배울 수 있고, 새로운 자극을 받을 수도 있기 때문이다. 그러나 친구와 자신을 비교하느라 자신감을 잃고, 위화감을 느끼게 될수도 있다. 반대로 이것저것 많이 도와줄 필요가 있는 친구를 사귀는 것도 좋다. 도움을 주는 입장이 되면 리더십을 발휘할 기회가 많아지고, 타인을 배려하는 마음과 자세를 배울 수 있기 때문이다. 결국 어떤 친구를 만나든 각기 장단점이 있게 마련이라는 뜻이다.

부모의 재산이나 사회적 명성이 친구를 사귀는 기준이 되어서는 안 된다. 부모가 보기에 자녀에게 유익해 보이는 친구들을 모아 서로 관계를 맺도록 하는 것은 당장은 효과적으로 보일 수 있다. 그러나 더불어 살아가야 하는 세상에서 자기 이익만을 우선시하는 친구들은 얼마 지나지 않아 다른 친구들로부터 배척을 받게 마련이다. 자신에게 유익한 친구만을 골라 사귄 사람이 그 덕분에 사회적으로 성공할 수도 있다. 그러나 그의 주위에는 그의 성공을 이용하려는 또 다른 이기적인 친구들만 몰릴 테니 얼마나 외로운 인생이 되겠는가.

부모가 친구 관계를 지나치게 간섭하다 보면 소위 마마보이, 마마걸을 양산하는 결과를 낳고 만다. 친구를 선택하는 안목을 제대로 가지지 못한 사람들은 사람 때문에 패가망신하는 경우가 많다.

노마드대디는 자녀가 친구를 선택할 권리를 존중하고 간섭하지 않는다. 그래야 자녀 스스로 친구를 고르는 안목을 기를 수 있고, 다양한 친구들을 사귀어 봄으로써 사회에서 사람을 알아보는 혜안을 얻을 수 있다. 자녀가 좋아하는 친구들과 사귈 수 있도록 자유를 허락하고, 주도적으로 교우관계를 이끌고, 친구들과 폭넓게 사귈 수 있도록 지원하는 것이 노마드대디의 교육법이다.

현대사회에서 만혼이 늘고 혼인율이 낮아지는 이유로 여러 가지가 있겠지만, 그중에는 부모의 지나친 간섭이 한몫을 차지할 것이다. 부모의 좋은 친구 고르기 간섭은 좋은 이성을 고르는 안목을 기르지 못하게 된 원인이 된다. 좋은 조건의 배우자를 만나면 좋겠지만, 조건을 우선시하는 생각은 모든 관계를 거래로 생각하는 태도에서 발생한다. 결혼 기간 동안 서로의 조건이 달라질 수도 있는데, 그렇다고 계약 조건이 틀어졌으니 해약하자고 할 것인가. 슬프게도 부부 사이의 정황이 바뀔 때 혼인 서약의 해지를 선택하는 사람들이 많다.

그러므로 노마드대디는 자녀에게 이렇게 말한다.

"네가 먼저 다른 친구들에게 좋은 친구가 되어라."

"네가 소중하게 생각하는 친구를 엄마, 아빠도 소중하게 대할 거야."

선생님은
무조건 옳다

세계라는 들판을 달리는 노마드의 삶은 배움의 연속이다. 세상을 다니다 보면 다양한 스승을 만나게 된다. 그러므로 친구 관계처럼 선생님과의 관계에 있어서도 좋은 선생님을 선택할 수 있는 안목을 길러 주는 것이 필요하다.

학년이 바뀌는 시기가 되면 많은 부모들이 이런 걱정을 한다.

"이번 학년에는 우리 아이가 좋은 선생님과 좋은 친구들을 만나야 할 텐데."

그러나 노마드대디의 생각은 다르다. 좋은 선생님이 따로 있다고 생각하지 않는다. 선생님을 신뢰하고 존경할 때 그 선생님이 좋은 선생님이 되는 것이다. 세상에는 다양한 사람들이 있는 만큼 선생님들의 개성도 다양하다. 간혹 실제로 문제 교사를 만나기도 한다. 그러나 그럼에도 불구하고 겸손한 마음으로 선생님의 장점을 찾아낸다면 그가 자녀에게 꼭 필요한 선생님이 될 수 있다. 우리 역시 초등학교부터 중학교, 고등학교를 거쳐 대학교까지 좋은 선생님들을 많이 만났고, 그들의 헌신적인 수고를 통해 오늘날의 내가 되지 않았던가.

만약 좋은 교사와 나쁜 교사가 있다고 전제한다면 판단력이 미숙해 보이는 자녀를 대신해서 부모가 교사를 판단해야만 한다. 부모의 판단은 자녀에게 학교와 선생님에 대한 부정적인 시각을 갖게 한다. 까다로운 부모일수록 엄격한 기준으로 선생님에 대한 호불호를 표현할 것이고, 역설적으로 자녀가 나쁜 선생님을 만날 확률이 높아질 수밖에 없다. 오히려 자녀가 공부하지 않을 핑계, 학교생활에 흥미를 못 붙일 핑계를 엄마가 제공하는 셈이 된다. 결국 나쁜 교사는 부모가 만드는 경우가 많다. 반대로 부모가 항상 선생님을 존경하는 자세를 지닌다면 자녀 또한 좋은 선생님을 만나게 될 것이다.

노마드대디는 자녀의 선생님을 신뢰한다. 아이가 어려운 질문을 해오면 "그건 선생님이 잘 아실 테니 선생님께 여쭤 봐"라고 선생님에 대한 존경심을 표현한다. 선생님에 대한 불평을 늘어놓는 자녀에게 "선생님은 아빠, 엄마만큼이나 너희를 사랑하고 아끼시는 분이야. 선생님의 말씀을 잘 들어"라고 선생님 편을 든다면, 아이는 선생님을 존경하게 되고 선생님은 아이에게 반드시 좋은 선생님이 될 것이다.

우리가 어렸을 때는 학교에서 맞고 돌아오면, 부모님이 이유를 묻지도 않으시고 "네가 잘못했으니 맞았겠지"라고 하셨다. 그러나 요즘은 선생님의 설명을 들어보지도 않은 채 자녀의 일방적인 얘기만 듣고 학교로 뛰어가 팔을 걷어붙이고 선생님께 난동을 부린다고 한다.

선생님은 무조건 옳다. 초등학교, 중학교, 고등학교 12년 동안 만난 좋은 선생님들이 자녀에게 얼마나 긍정적인 영향을 미치겠는가. 노마드대디가 관심을 갖는 것은 자녀가 얼마나 좋은 학생이 되는가이다. 선생님에게서 부당한 대우를 받아도 무조건 자녀만 질책하라는 뜻이 아니다. 자녀가 낙담할 경우에는 위로하고, 자녀의 불만에 귀를 기울여야 하지만 만나 보지도 않은 선생님을 나쁜 교사로 몰아붙이는 것은 옳지 않다는 얘기다. 노마드키즈는 학교에서도 좋은 학생이 된다. 좋은 학생은 좋은 선생님을 만나게 마련이다.

어른들은 또 다른
아빠, 엄마

유라시아 대륙의 심장부인 몽골고원

은 일찍이 노마드의 땅이었다. 오르도스 근처의 만리장성에서 바이칼 호 일대까지 남북 1천5백 킬로미터, 싱안링산맥에서 알타이산맥까지 동서 3천 킬로미터, 약 3백만 제곱킬로미터에 이르는 고원지대다. 평균 해발 고도는 한국의 설악산 높이와 비슷한 1천6백 미터다. 3개월의 여름과 9개월의 겨울만 존재한다고 해도 과언이 아닐 만큼 매우 추운 지역이다. 겨울철에는 쇠꼬리가 잘릴 정도로 영하 40도 이하의 혹한이 지속된다.

수많은 노마드들이 이곳에서 밀고 밀리고, 싸우고 쫓기며 전쟁을 벌였다. 그 외에 다른 살길이 없었기 때문이다. 주변의 정주민 지역인 중국이나 페르시아에서는 볼 수 없는 강인한 기질을 지녀야 했다.

이런 척박한 환경에서 노마드는 살아남았다. 그 비결은 교육에 있었다. 칭기즈칸은 케식텐Keshigten이라는 제도를 운용했다. 케식텐은 각 분야의 최고 전문가를 호위 무사로 뽑아 그들로 하여금 각 분야의 일을 하게 하는 한편 젊은 이들에게 노하우를 전수하게 함으로써 더욱 많은 사람들이 전문가로서 성장할 수 있는 기회를 제공하였다. 케식텐으로 선발된 이들은 자유로운 분위기에서 창조적으로 일할 수 있었으며, 곧 칭기즈칸의 가장 탄탄한 조직이 됐다.

현대 노마드에게 케식텐은 무엇인가? 바로 주변의 어른들이다. 현대 경영학의 창시자로 불리는 미국의 경영학자 피터 드러커Peter Drucker는 《나의 이력서》에서 어린 시절을 이렇게 회상한다.

"나는 부모님 덕분에 어렸을 때부터 다양한 사람들과 접할 수 있었다. 내게 그 경험은 실질적인 교육이 되었다. 학교는 아주 짧은 기간을 제외하고는 아주 재미없었기 때문이다."

제1차 세계대전 무렵 피터 드러커의 아버지는 오스트리아의 장관이었고, 어머니는 의학을 전공한 사람이었다. 그의 집에서 일주일에 몇 차례씩 파티가 열리곤 했는데, 월요일은 '정치의 밤', 수요일은 '의학과 정신분석의 밤'을 주제로 열렸다. 어린 피터 드러커는 매번 파티에 참석해서 어른들의 대화를 경청했다고 한다.

이 모임을 통해 피터 드러커는 제1차 세계대전이 끝난 후 불안한 유럽의 정세를 또래 친구들보다 자세히 알 수 있었을 뿐만 아니라 아버지의 친구들과도 교류할 수 있었다. 후일 그가 어린 시절에 파티에서 얻었던 삶의 지혜들과 파티를 통해 알게 된 아버지의 지인들이 그의 인생 역정과 업적에 큰 도움을 주었다고 한다.

아이들을 어른들의 모임에 참석하도록 하는 것이 교육적으로 큰 의미가 있다는 뜻이다. 자녀를 어른 모임에 데려감으로써 얻게 되는 유익은 크게 세 가지로 정리해 볼 수 있다.

첫째, 예절을 배운다. 어른들 모임에서, 아이들은 예의를 갖춘 인사법과 태도를 자연스럽게 배우게 된다. 또한, 어른들과의 만남을 통해 대화의 자연스러운 들고남을 배우고, 토론하는 법을 배우며, 경청하는 법을 몸에 익힐 수 있다.

둘째, 어른의 지식을 전수받는다. 어린 피터 드러커가 어른들과 자리를 함께했을 때는 그들의 대화가 거의 이해되지 않았을 것이다. 그러나 그러한 자리가 반복될수록 어른들의 화법에 익숙해지고, 어른들의 관심사를 알게 되며, 어른들의 다양한 견해를 알 수 있게 되었다. 실제로 피터가 이해한 유럽은 그 이후 영국과 미국에서의 기자 생활에 많은 도움을 주었다. 특히 유럽 출신의 미국인들에게 유럽의 속내를 정확히 이해한 그의 글이 큰 도움이 되었다.

마지막으로 좋은 네트워크를 가지게 된다. 또래는 함께 고민하고, 함께 커나가야 할 친구이자 동료 들이다. 그러나 한 세대 위의 어른들과의 깊은 유대는 자녀의 삶에 든든한 기반이 되며, 삶을 풍요롭게 해 줄 밑거름이 된다. 실제로 피터 드러커가 나치의 위협을 피해 해외로 도피하는 과정과 이후의 삶에서 어린 시절 파티에서 만났던 많은 어른들로부터 여러 차례 결정적인 도움을 받았다.

요즘 세대 간의 갈등이란 말이 심심찮게 들린다. 젊은 세대와 기성세대의 관계에 문제가 심각하다. 그도 그럴 것이 자녀에게 부모나 친척 또는 선생님이 아닌 낯선 사람들과는 대화도 하지 말고 피하라고 교육해 왔기 때문이다. 많은 어른들과 만나면서 어른들의 표정을 읽고, 어른들과의 대화에 익숙해져야 하는

데, 어른들을 접하지 못한 아이들이 자라 성인이 되면 윗세대와 관계를 갖기가 쉽지 않다. 결국 회사의 상사나 사회 선배들과 원만한 관계를 만들어 내는 데 실패하고, 또래들과만 만나 기성 사회를 비판하는 데 목청을 돋운다. 갑질하는 나쁜 사람들이 언론에 자주 소개되지만 그 기저에는 을질을 제대로 하지 못한 것도 큰 이유가 된다. 을질을 잘하는 사람은 좋은 갑을 만날 가능성이 크다.

노마드는 공동체를 중요시한다. 노마드대디는 구체적인 삶의 지혜가 어른들로부터 자녀에게 전수되기를 바란다. 이를 위하여 어른들과의 만남을 권장하고 장려한다.

소통의 크기를
키워 주는 외국어

노마드의 삶에서 제일 중요한 기술은 외국어다. 오늘날에는 특히 영어가 국제사회에서 가장 막강한 힘을 발휘하고 있다. 자녀에게 영어를 가르치고, 잘하도록 지도하기는 쉽지 않다. 영어를 가르치기에 앞서 자녀가 영어를 좋아하게 만드는 것이 우선되어야 한다. 좋아하는 언어는 쉽게 배우게 되는 법이다. 게임을 좋아하는 아이에게는 영어로 된 게임을 깔아 주는 것도 하나의 방법이다. 미드·를 통해 영어를 배우는 젊은이들이 많다. 실제로 자기가 좋아하는 분야를 외국어로 배우는 것은 매우 유용한 방법이다. 젊은 시절 팝송을 들으면서 영어를 배웠던 것도 같은 맥락일 것이다. 나의 딸은 일본어 학원에 다닌 적이 전혀 없지만 일본어를 아주 잘한다. 일본 방송 프로그램에 푹 빠져 지낸 시절이 있었기 때문이다. 내가 한 것은 딸에게 한글 자막이 없는 동영상만 보라고 권한 것뿐이었다.

두 번째로 영어를 잘해야 하는 동기를 심어 주는 것이 필요하다. 이와 관련하여 얼마 전에 인터넷에서 재미있는 이야기를 읽었다. 자녀에게 동기 부여가 얼마나 중요하고 강력한 힘을 발휘하는지 잘 보여 주는 이야기다.

개구쟁이 둘째 아들은 어릴 때부터 소란스러워서 나를 얼마나 힘들게 했는지 모른다. 칭찬해 줄 만한 것이 별로 없었다.

그런데 어느 날 아이가 욕실에서 목욕하고 나서 청소를 말끔히 해 놓고 나온 것이다. 당연히 칭찬을 해 주었다. 그것이 내 아이가 처음 받은 유일한 칭찬이었다는 사실은 나중에서야 알았다.

그다음부터 둘째의 장래 희망은 '청소부'가 되었다.

학교 교실에서 엄마들 모임이 있었다. 아이들 사물함마다 장래

* 미국 드라마의 준말

희망이 붙어 있었다. 그중 한 사물함에 '청소부'라는 딱지가 붙어 있었다. 엄마들이 그것을 보고 웃을 때 나는 한술 더 떠서 얼마나 귀여우냐고 손뼉을 치며 따라 웃었다. 그런데 돌아보니 내 아들도 따라 웃고 있었다. 그때부터는 귀여운 게 아니라 답답함으로 가슴이 욹쳤다.

성적이 좋지 않아서 아이의 자존감이 낮아진 탓인가 해서 영어 학원을 보냈다. 며칠 후 우연히 아들이 일기장을 보게 되었는데 영어 공부를 죽도록 열심히 잘하겠다는 다짐이 적혀 있었다. 입가에 미소가 절로 흘러나왔다. 내심 성공했다며 안심하려던 찰나에 일기 마지막 부분을 보고는 기절할 뻔했다.

"영어 공부를 열심히 해서 미국에서 빌딩 청소부가 되고 싶다."

둘째는 학교에서 집으로 돌아올 때쯤이면 파김치가 되어 있다. 매일 이 반, 저 반의 어지러운 신발장 정리는 물론이고, 아이들이 싫어하는 구석 청소와 화장실 청소까지 다 하고 오기 때문이다. 지칠 법도 한데 열심히 한다.

담임선생님은 물론, 이제는 옆 반 선생님들까지 우리 아들을 응원하기 시작했다.

"장차 훌륭한 청소부가 되겠구나. 오늘도 열심히 연습하자."

나는 답답했던 마음을 바꾸기로 했다. 자기 일을 저렇게 열심히 한다면 반드시 행복한 인생을 살 것이라는 믿음이 생겼기 때문이다.

칭찬 한마디에 청소를 기뻐하게 된 아들이다. 새삼 깨달았다. 칭찬이

야말로 사람을 변화시키고 사람을 살린다는 것을…….

노마드대디는 자녀에게 동기부여가 얼마나 중요한지 잘 알고 있다. 노마드 시대에 필수적인 외국어 습득에 칭찬과 접촉할 수 있는 기회를 제공함으로써 자녀가 거부감 없이, 두려움 없이 외국어를 배울 수 있도록 격려한다.

음악은
세계 공통 언어

음악은 그야말로 전 세계적 언어다. 가수 싸이는 〈강남스타일〉이란 노래 한 곡으로 세계를 들썩이게 했으며 한류 열풍을 최고조로 끌어올렸다.

가수 송창식 씨가 부른 〈피리 부는 사나이〉의 "나는 피리 부는 사나이, 바람 따라가는 떠돌이"라는 가사를 들으면 들판을 떠돌던 옛 노마드가 떠오른다.

사실 유럽의 집시나 우리나라 장터의 풍각쟁이도 알고 보면 유랑하며 음악으로 생계를 유지하던 노마드였다.

생계 수단으로서의 음악을 얘기하는 것이 아니다. 처음 만나는 사람들과 소통하는 도구로서의 음악을 이야기하는 것이다. K팝에 관심이 높은 외국인을 만나면 자연스럽게 음악 이야기를 나누면서 이를 계기로 소통을 시작할 수 있다. 기타나 피아노를 연주할 줄 알면 세계 어디를 가든지 언어가 통하지 않아도 사람들을 쉽게 사귈 수 있다. 연주에 맞춰 노래까지 멋지게 부를 수 있다면 금상첨화일 것이다. 손으로 두드리는 작은 타악기라도 좋다. 악기는 소통의 훌륭한 수단이 된다.

또한, 음악은 스스로를 위로하는 수단이 되기도 한다. 세계라는 들판을 달리다가 지치고 외로울 때 노마드는 노래를 읊조리거나 악기를 연주하면서 자신을 위로하고 지친 몸과 영혼을 쉬게 한다. 음악은 언제나 그런 역할을 해 왔다.

1492년 콜럼버스가 미 대륙을 발견한 이후, 유럽인들은 미지의 땅에 강한 호기심을 나타냈다. 영국의 청교도들은 아예 미국으로 이주를 감행하기도 했다. 메이플라워호를 타고 긴 여정 끝에 미국에 도착한 청교도들은 이국땅에서 외로운 나날을 보내면서 고향에서 즐겨 부르던 민요를 노래하며 타향살이의 서러움을 달랬다. 이것이 오늘날 컨트리 음악으로 발전했다고 한다.

한편 신대륙을 개척하기 위해서 부족한 노동력을 아프리카 흑인들로 채우기 시작하면서 흑인들이 바다 건너 멀리 이국땅으로 대거 노예로 팔려 왔다. 흑인 노예들은 한 맺힌 신세를 달래기 위해 노래를 부르기 시작했다. 이렇게 해서 탄생한 음악이 슬픔을 노래하는 블루스 음악이다. 이처럼 음악은 지친 영혼을 달래고 팍팍한 현실을 견디어 나아갈 수 있도록 하는 치유제와도 같다.

음악만 그런 것은 아니다. 그림이나 조각 등 미술 활동이 낯선 사람들과 소통하는 훌륭한 수단이 될 수 있다. 또는 바둑, 체스, 카드 게임, 컴퓨터 게임, 전통 윷놀이나 공기놀이, 종이접기 등 다양한 놀이들이 소통의 다리가 될 수 있다. 함께 스포츠를 즐기는 것도 좋다. 어떤 사람은 우스꽝스러운 몸짓이나 목소리로 사람들의 주목을 받기도 한다. 타지에서 자신의 존재감을 당당하게 드러낼 수 있는 나만의 문화적인 연결 고리를 찾는 것이 도움이 된다.

노마드 시대에는 공부로 얻을 수 있는 지식보다는 오히려 다양한 재능이 더 필요하다. 소통이 중요하고 필수적이기 때문이다. 오로지 공부에만 집중하여 다른 특기가 전혀 없는 인재보다는 문화적인 소양을 갖추어 다양한 사람들과 소통할 수 있는 매력적인 사람이 노마드 시대에 더 잘 어울린다고 하겠다. 지나치게 소극적이어서 다른 사람들에게 자신을 내보이길 수줍어하는 사람도 노마드 시대에 적응하기가 쉽지 않다.

노마드대디는 자녀가 자신을 자신 있게 표현할 수 있도록 격려한다. 특별히 자녀가 자신을 예술적으로 표현할 수 있는 재능을 한 가지 이상 갖출 수 있도록 가르치는 데에 신경을 쓴다. 분명한 것은 노마드 시대의 성공 요인은 이전 시대와는 많이 다르다는 것이다. 공부만 잘해서는 성공할 수 없다. 문화적인 소양과 예술적인 재능이 중요한 시대다.

2

적응을 잘하면
삶이 즐거워진다

　　　　　　　　　　정주민의 세계에는
정해진 삶의 범위가 있다. 그러나 노마드의 세계는 경
계가 없이 열려 있다. 따라서 어떤 환경, 어떤 사람들
을 만나게 될지 알 수 없다. 발이 닿는 곳마다 자신의
영역으로 접수할 수 있으려면 적응력이 절실하게 요
구된다. 적응은 세계를 촘촘히 이어 주는 고리 역할을
한다. 적응을 잘할수록 세계라는 들판 위에 새겨지는
네트워크가 촘촘해질 수밖에 없다. 노마드에게는 네
트워크가 바로 그의 영토다.

집을 떠나야 적응력을
키울 수 있다

어린 자녀를 양육할 때 꼭 해야 하는 중요한 일 중에 하나가 바로 예방접종이다. 신생아가 맞아야 하는 예방접종은 한둘이 아니다. 예방접종이란 전염병을 예방하기 위하여 백신을 투여하여 면역성을 인공적으로 생기도록 하는 일이다. 다시 말해서 면역력을 높이기 위해 미리 항원을 투여하여 위험한 질병에 노출함으로써 적응력을 높이는 것이다. 여기에서 우리는 미래 상황에 적응하는 좋은 방법 중 하나가 그와 비슷한 상황에 미리 접해 보는 것이라고 생각해볼 수 있다.

정주민 시대에도 이러한 접근이 유효했다. 고등학교나 대학교에서 미래 직장에서 접할 수 있는 일들에 대해 미리 배우고 암기하며 반복 훈련하기도 했다. 그런데 노마드 시대의 변화무쌍함과 불확실성은 미리 대비한다는 말이 무색할 정도로 갈피를 잡기가 힘들다. 복잡 다양한 모든 상황을 사전에 앞서 경험하고 대비한다는 것은 불가능에 가깝다. 결국 특정 사안을 해결하는 지식이 필요한 게 아니라 힘들고 어려운 상황에 부딪혔을 때 이에 대처하는 문제 해결 능력이 필요한 것이다.

노마드대디는 자녀에게 기초부터 단계별로 서서히 외부와 접촉할 기회를 제공한다. 다양한 환경에 노출시킴으로써 적응력을 키우고 돌발 상황에 대한 문제 해결 능력을 기르는 것이 목적이다.

옛 노마드가 자녀를 품에 안은 채 말을 타고 가까운 들판을 한 바퀴 도는 것에서부터 시작하여 자녀가 자기 말을 따로 타고 아빠와 함께 더 멀리까지 달려가는 훈련을 시켰던 것과 동일한 맥락이다. 그 과정에서 자녀는 말의 질주를 경험하고, 작은 웅덩이를 뛰어넘기도 하고, 높은 곳으로 뛰어오르기도 한다. 갑자기 말이 제어가 되지 않는 상황을 만나기도 하고, 달리던 말을 순간 멈춰 세워야 할 때도 있다. 말에 앉아 활에 화살을 재고 사냥감을 향해 활시위를 당겨 보기도 하고, 아직 숨이 남아 있는 사냥감의 숨통을 칼로 끊는 훈련을 받기도 한다.

때로는 극한 추위와 더위 속에서 굶주림과 목마름을 경험할 수도 있다. 어른들을 도와 불을 지피고, 이동식 천막집인 게르를 설치하고 철수하는 훈련도 받아야 한다. 이따금 말에서 떨어지기도 하고, 달리는 말 위로 뛰어올라 타는 훈련을 받을 수도 있다. 전쟁을 대비하여 말의 한쪽 배에 바짝 붙어 적의 눈을 피하고, 적의 공격을 피하는 훈련도 한다. 사막이나 깊은 삼림을 맞닥뜨릴 수도 있다. 어떤 환경에서도 적응할 수 있는 능력이 필요하다.

보통 말들은 앞다리가 먼저 뛰고 뒤이어 뒷다리가 뛰는 방식으로 달린다. 그러나 몽골 노마드의 말들은 낙타처럼 오른쪽 두 다리가 뛰고 나서 왼쪽 두

다리가 뛰는 방식으로 달린다고 한다. 이런 방식으로 달릴 경우에 말 위에 탄 사람이 반동을 적게 느끼게 되어 칼이나 활을 쓰기가 훨씬 자유롭다. 이런 주법을 가진 말을 몽골어로 '조로모리'라고 하는데 이것이 바로 우리가 잘 아는 조랑말이다. 그들이 달릴 들판과 처한 상황에 가장 잘 맞는 말을 찾아 거기에 적응한 결과다.

이처럼 노마드는 언제 어디서든 상황에 최적화된 상태를 추구하며 적응력을 길러 왔다. 노마드대디는 자녀가 성장하면서 삶에서 일어날 수 있는 많은 상황들을 미리 경험하며, 미처 경험하지 못한 극한 상황에 직면했을 때 대처할 수 있는 지혜와 담력을 갖추도록 교육한다.

가정이나 책상에서 다양한 상황이나 환경을 일일이 모의 실험할 수는 없다. 노마드의 진정한 학교는 길 위에 있다고 할 수 있다. 번화한 거리, 시장, 달동네, 부자 동네, 산과 바다, 농촌과 어촌 등 집을 벗어난 곳이면 어디나 훌륭한 학교가 될 수 있다. 배낭을 메고 힘들게 산을 오르는 경험도 좋고, 자전거를 타고 숨을 헐떡이며 레이싱을 해 보는 것도 좋다.

이런 과정을 통해 노마드대디는 자녀에게 인생이란 힘들고 어려운 순간을 숱하게 마주치지만, 함께 고생하고 함께 웃어 주고 격려해 주는 가족과 친구, 동료가 있음으로써 이겨 나갈 수 있다는 사실을 가르친다. 또한 어떠한 역경이라도 강한 적응력으로 주체적으로 문제를 해결해 나가려는 노력한다면 반드시 승리하는 강한 노마드가 될 수 있다고 가르친다.

다양한 환경을 접하는 가장 좋은 방법은 역시 직접 여행을 떠나는 것이다. 장차 다양한 환경에서 활동하게 될 노마드가 집구석에만 틀어박혀 있어서야 하겠는가.

처음에는 부모가 자녀와 함께 여행하며 여정에 필요한 사항들을 가르쳐야 할 것이다. 그러나 차차 자녀가 혼자 또는 또래와 함께 스스로 준비해서 여행을 떠날 수 있도록 하는 것이 좋다. 여유가 된다면 전혀 다른 환경의 외국을 여행하게 하는 것이 좋다. 젊은 패기로 세계 배낭여행을 떠나는 것은 얼마나 멋진 일인가.

여행에는 세 번의 즐거움이 있다고 한다. 여행을 설계할 때 느끼는 즐거움, 여행하는 중에 느끼는 즐거움, 그리고 여행을 다녀온 후에 추억을 정리하며 느끼는 즐거움이 그것이다.

노마드대디는 자녀로 하여금 호기심을 가지고, 인터넷과 여행 서적을 뒤적여 여행 코스를 기획하고 설계하는 즐거움을 누리도록 돕는다. 여행 코스를 지도에 표시하는 것에 그치지 않고 지역에 대해 공부를 해야 한다고 가르친다. 해외여행이라면 그 나라의 역사, 문화, 정치, 경제, 지리 등 다양한 분야에 대해 공부하도록 지도한다. 공부하는 과정이 재미있을 뿐만 아니라 실제로 여행할 때 "아는 만큼 보인다"는 말의 뜻을 깨닫게 된다.

노마드답게 숙소는 고급 호텔보다는 그 지역의 문화적 속살을 엿볼 수 있도록 현지인이 운영하는 민박집이 좋다. 자칫 쇼핑만 하는 여행이 되지 않도록 주의하는 것이 좋다. 세계 무역이 활발한 만큼 한국 시장에서 전 세계 웬만한 물건들을 다 찾아볼 수 있으며, 오히려 국산 제품이 품질 면에서 더 뛰어난 경우가 많기 때문이다. 굳이 쇼핑을 목적으로 여행할 필요가 없는 것이다. 노마드에게 여행은 삶이요 교육이라는 의미가 더 크다.

작은 배낭에 간단한 먹거리와 마실 물을 챙기고 숙소를 나선다. 그 지역의 독특한 문화 유적이나 자연을 구경하는 것이 좋다. 전통 시장이나 사람들이 많이 모이는 광장 또는 공원에서 그곳 문화를 맛볼 수 있다. 야구장이나 축구장 같은 경기장을 찾는 것도 좋다. 젊은이라면 그 지역의 대학교를 방문하여 캠퍼스를 구경하며 현지 대학생들과 교제해 보는 것도 추천할 만하다. 제3세계 국가를 방문한 경우라면, 일부러 빈민촌을 찾아 봉사 활동을 해보는 것도 좋다. 소외당하고 힘들게 살아가는 사람들의 삶 속으로 들어가 보는 것은 장차 세계를 누빌 노마드로서의 인품과 안목을 갖추는 데 큰 도움이 될 것이다.

여행에서 돌아온 다음에는 사진들을 정리하고 후기를 적어 보며 여행의 세 번째 재미를 즐기는 것이 좋다. 시행착오에 대한 반성과 적절한 피드백은 다음 여행을 기획하는 데에 밑거름된다. 요즈음은 SNS로 여행을 정리하고, 감동을 공유하기가 쉬운 세상이다. 노마드키즈는 길 위에서 인생을 배우며 첨단기기나 프로그램을 능숙히 다룰 줄 아는 업그레이드된 노마드로 성장해 간다.

자세히 보면
예쁨을 발견한다

세상에는 다양한 사람들이 참으로 많다. 인종과 종교가 각기 다르고, 정치경제나 문화의 수준이 다르고 생활환경이 다르다. 그저 다른 정도가 아니라 천차만별이다. 상상하기 힘들 정도로 불결한 환경에서 평생 살아가는 사람들이 있는가 하면, 냄새 맡기도 힘든 음식을 주식으로 삼는 사람들도 있다. 낯선 체취에 얼굴이 저절로 찡그려지기도 한다. 보기에 민망한 옷차림이 평상복인 나라도 있고, 목소리가 어찌나 큰지 옆에 있기가 불편한 사람들도 있다. 이방인에게 무뚝뚝하다 못해 심지어 과격한 사람들도 있고, 반대로 낯선 이들과는 눈도 마주치지 못하는 수줍음이 많은 사람들도 있다.

그러나 우리와 다를 뿐 모두 존중받아야 할 문화임은 틀림없다. 나태주 시인의 시 〈풀꽃 1〉에 "자세히 보아야 예쁘다. 오래 보아야 사랑스럽다"는 구절이 있다. 어떤 문화는 너무도 낯설고 생경해서 자세히 들여다봐야 하고 인내심을 가지고 오래 지켜봐야 비로소 이해가 되기도 한다.

만약 자기와 비슷한 수준의 사람들만 상대하고 살고 싶다면, 그는 노마드가 될 수 없다. 몽골의 옛 노마드는 대제국을 건설할 때 파괴만 일삼지 않았다. 정복 지역의 사람들을 포용하고, 그들의 종교와 문화를 인정하면서 세력을 넓혀 갔다.

노마드는 땅에 뿌리내리고 정주민으로 살면서 정체성을 중요시하고 배타적인 문화를 내세우는 사람들이 아니다. 어떤 정해진 법칙에 구애받지 않고 바람처럼 구름처럼 온갖 고정관념으로부터 풀려나 자유롭게 사유하고 수용하고 적응하는 사람이다.

다양한 부류의 사람들과 잘 어울릴 줄 알아야 진정한 노마드라고 할 수 있다. 노마드는 인종, 종교, 국적으로 편을 가르고 차별하는 문화를 거부한다. 타문화를 전적으로 수용할 필요는 없다. 노마드 자신이 가진 정체성을 유지하되, 상대방의 존재를 어떤 조건으로도 터부시하지 않고 있는 그대로 인정하고 대하는 것이 바람직하다.

근래 우리 문화에서 자신과 조금만 달라도 이런저런 이름을 붙여 편을 가르고 세대를 구분하고 층을 나누는 경우가 많다고 한다. 연령대에 따라, 성별에 따라, 군필이냐 미필이냐에 따라, 출신 지역에 따라, 정치적 성향에 따라,

경제적 수준에 따라, 종교에 따라 서로를 구별하고 심지어 비방하는 것은 노마드 시대에 어리석은 일이다. 머지않아 그렇게 다양한 사람들을 직접 만나게 될 것이며 그들 밑에서 일을 하고 함께 일하거나 심지어 고객으로 모셔야 할 경우가 흔히 발생하기 때문이다.

그러므로 노마드대디는 자녀에게 사람과 문화에 대한 보편적 시각을 가르치려고 노력한다. 어떤 사람들과도 자연스레 소통할 수 있도록 가르친다. 이런 노력은 아주 작은 데서부터 시작할 수 있다. 공부 잘하는 친구만 가려서 사귀거나 부자 친구만 골라서 사귀지 않도록 하는 데서부터 시작하면 된다. 자신과 전혀 다른 부류의 사람들과도 흉허물 없이 어울릴 수 있는 친화력과 적응력이야말로 노마드 시대에 필요한 자질이라고 할 수 있다.

자녀의 손을 잡고 밖으로 나가 밝은 표정으로 마을 사람들과 인사를 나눌 수 있도록 하는 것, 길에 누운 노숙인을 주목하고 기꺼이 도울 수 있도록 하는 것, 여기서부터 노마드의 세상 공부가 시작된다.

자연이 주는
큰 위로

살던 곳을 떠나 전혀 새로운 지역으로 가게 되었을 때 그곳에 잘 적응하는 방법에는 어떤 것들이 있을까? 말이 통하지 않고, 아는 사람도 없을 때 노마드는 어떻게 적응하는가.

노마드가 가장 먼저 찾아나서는 것은 바로 자연이다. 익숙한 고향과는 전혀 다른 자연의 모습일 수 있으나 밤하늘의 달과 별을 보며 고향을 추억하고, 산과 들에 핀 꽃과 나무를 보고 새소리를 들으며 외로움을 달랠 수 있다.

중국 고전의 4대 미녀 중 한 사람으로 일컬어지는 왕소군王昭君은 전한前漢 시대 원제元帝 때 집안이 비천하므로 궁녀로 들어갔다가 나라의 평화를 위해 흉노匈奴에 시집가게 되었다. 평생 한나라와 흉노의 평화에 힘쓰며 농업문물을 전하는 데 기여한 왕소군이 늘 고향 땅을 그리워했다는 이야기가 유명하다. 당나라 시인 동방규東方虯가 왕소군의 심정을 시로 지었는데, "봄은 왔지만 봄 같지 않다"는 뜻의 춘래불사춘春來不似春이란 구절이 널리 알려져 있다. 봄이 왔지만 고향에서 보던 꽃과 풀이 없어서 봄이 느껴지지 않는다는 뜻이다.

이처럼 누구나 낯선 환경에 가면 자연 속에서 위로를 찾으려고 한다. 산책을 하면서 느끼는 자연의 아름다움이 외로운 시기를 이겨 낼 힘을 줄 수 있을 것이다. 세계 곳곳을 다니는 노마드에게 자연은 즉각적인 위안을 얻을 수 있는 가장 안전한 채널이다.

노마드대디는 자녀에게 자연을 가까이함으로써 얻을 수 있는 유익에 대해 가르친다. 많이 걷고 뜀으로써 건강한 신체를 가질 수 있게 될뿐더러 자연을 즐거워함으로써 정신 건강에도 도움이 된다. 우울증 치료를 위해 야외에서 햇볕을 쬐는 것을 권하기도 한다. 자연으로부터 접하게 되는 다양한 병원균들 또한 질병에 강한 체질을 갖도록 돕는다.

자녀의 지능 발달을 위해 신체적으로 많은 자극과 환경의 변화를 제공하라는 조언을 많이 들어봤을 것이다. 집안 내부에 큰 변화를 주는 것보다 자연 속에 들어가 날씨의 변화와 동식물의 다양함을 경험하게 하는 것이 자녀에게 훨씬 더 강력하고 깊은 인상을 심어 준다.

그뿐만 아니라 자연을 좋아하면 부수적으로 성적이 오르는 장점이 있다. 자연을 세밀하게 관찰하는 습관을 통해 과학 과목의 성적이 오르고, 자연에서 얻은 감성이 국어뿐 아니라 예능 과목에도 영향을 준다.

노마드대디는 자연 속에서 자녀와 함께 많은 대화를 나눈다. 자연에서 마주치는 다양한 동식물에 대한 궁금증이 아이로 하여금 계속해서 질문을 쏟아내게 만든다. 자연스레 대화가 늘어나고 집에 돌아와서도 자연에서 보고 들은 경험을 나눌 수 있으니 가족 간의 소통에 도움이 된다. 노마드가 자연을 좋아하고 자연에 대한 이해가 높으면 유익한 게 많다. 지역 사람과 이야기를 나눌 수 있는 좋은 소재가 되기 때문이다. 자연이라는 공통 관심사로 대화가 한층 풍부해질 수 있다.

근래 시험공부를 하느라 집, 학교, 학원만 다니는 학생들이 많다. 부모도 자녀가 밖에 나가서 허튼짓을 하지 않고 방에 앉아 조용히 공부만 하기를 바란다. 공부가 아니어도 단순히 귀찮거나 컴퓨터게임을 하느라 또는 TV를 보거나 SNS로 수다를 떠느라 외출을 꺼리는 사람들이 많다. 장기적으로 건강에 문제가 생길 수 있을뿐더러 성공적인 노마드로서 성장하기에 장애가 되는 행동들이다.

노마드는 집 안에서 화초처럼 자라지 않는다. 들판에서 바람과 이슬을 맞으며 거칠게 자라는 존재가 노마드다. 노마드대디는 자녀의 손을 잡고 밖으로 나가 새소리를 즐기고, 꽃과 식물의 이름을 알아맞히며 자연의 친구가 되는 법을 가르친다.

우리나라는 예부터 4계절이 뚜렷한 나라였다. 그런데 어느 때부턴가 봄과 가을이 너무 짧아져서 여름과 겨울만 남은 것 같다는 얘기를 많이 한다. 그런데 어쩌면 사람들이 더위와 추위에 약해져서 그런 이야기가 나온 것은 아닐까 하는 생각이 든다. 조금만 추워져도 겨울 같이 느껴지고, 약간만 더워져도 여름처럼 느껴지니 상대적으로 봄과 여름이 짧게 느껴질 수밖에 없다.

에어컨이나 보일러가 없던 시절이 있었다. 그럼에도 불구하고 더위와 추위를 제법 잘 견뎌 왔던 것 같다. 전국에서 가장 더운 곳으로 유명했던 대구에서 아이들은 땡볕에 산과 들을 뛰어다녔다. 더우면 냇가에서 멱을 감거나 집에서 등목을 하는 것이 고작이었다. 분지인 대구는 겨울철에 춥기로도 유명했다. 살을 에는 듯한 혹독한 추위에 변변한 방한복이 없음에도 밖에 나가 썰매를 타거나 눈싸움을 하곤 했다. 동상에 걸리는 일이 다반사였고, 장갑을 끼지 않은 손등이 쩍쩍 갈라져 피가 맺히는 일도 자주 있었다.

그러나 요즘은 조금만 추워도 조금만 더워도 바깥출입을 삼가고, 냉난방이 잘되어 있는 실내에서 하루를 보낸다. 학교 교실이든 사무실이든 온도가 조금만 높거나 낮아도 난리가 난다. 동일한 지하철에서 어떤 사람은 덥다고 민원을 넣고, 어떤 사람은 춥다고 항의 전화를 한다고 하니 기후가 변했다기보다는 사람들의 적응력이 턱없이 떨어진 탓이 아닌가 생각된다.

노마드에게 기후 변화에 잘 적응하는 능력은 전략적으로도 필수 요소다. 더운 지역으로, 추운 지역으로, 습한 지역으로, 건조한 지역으로 이동할 때가 얼마나 많은가. 기후 때문에 가기를 꺼린다면 달릴 수 있는 들판이 그만큼 줄어들 수밖에 없다. 사막의 건조한 바람을 두려워하지 않고, 고원의 매서운 추위를 이겨 낼 수 있는 사람만이 가장 넓은 땅을 누빌 기회가 주어질 것이다. 선택할 수 있는 직장의 폭이 그만큼 넓어진다는 뜻이다.

옛 노마드가 살았던 곳을 떠올려 보라. 그들은 초원이든 사막이든, 열대나 한대나 기후 조건과 상관없이 어디든 이동하며 살았다. 추위를 싫어하는 사람은 얼음 위 스케이트나 눈 위 스키를 즐길 수 없다. 겨울 산의 환상적인 멋을 알 길이 없다. 더위를 싫어하는 사람 역시 강이나 바다에서 물놀이하는 즐거움을 알기 어렵다. 한여름 높은 산에 올라 나무가 내뿜는 시원한 기운을 즐기는 기쁨을 맛보지 못한다. 비바람, 눈보라를 겁내는 사람은 자연의 장엄함을 알기가 어렵다.

일본 아이들은 겨울철에도 반바지를 입고 등교한다. 날씨는 적응하기 나름이라는 뜻이다. 노마드대디는 자녀가 춥든 덥든 상관없이 나가고 싶을 때는 서슴지 않고 발을 내디딜 수 있도록 평소에 체력을 기르고 모험심을 갖도록 가르쳐야 한다.

역경을 이기게 만드는
힘, 가치

평생 하고 싶은 것만 하고 살면 얼마나 좋겠는가. 그러나 세상사는 그렇게 만만하지가 않다. 하기 싫은 일이 있고, 가기 싫은 곳이 있고, 먹기 싫은 음식이 있고, 보기 싫은 것들이 있게 마련이다. 그럼에도 불구하고 일해야 하고, 가야 하고, 먹어야 하고, 봐야 하는 것이 인생이다. 쉽게 극복되지 않는 어려움을 이기기 위해서는 더욱 높은 가치가 필요하다.

신라의 원효대사元曉大師가 중국 유학길을 떠났다가 어느 해안에 이르러 날이 저물었다. 날이 궂어 소낙비가 쏟아지고 캄캄해졌다. 비를 피하기 위하여 어떤 움집으로 들어가 하룻밤을 지새우기로 했는데 한밤중에 심한 갈증을 느낀 원효대사가 주위를 더듬거리다가 손끝에 닿은 그릇에 담긴 물을 마시고 다시 잠에 빠졌다. 날이 밝자 주위를 살펴본 원효대사는 깜짝 놀랐다. 움집인 줄 알고 들어갔던 곳은 무덤이었고, 그릇은 해골이었으며 담긴 물은 구더기가 꿈틀대는 썩은 물이었던 것이다. 원효는 순간 "모든 것은 마음이 만드는 것"이라는 사실을 깨달았다.

또 중국 한나라 때 무장 한신韓信은 한때 무뢰배에 얻어맞고 무뢰한의 가랑이 사이를 기어가 과하지욕跨下之辱* 이라는 굴욕스러운 별명을 얻기도 했지만 결국 항우項羽를 제압하고 초왕楚王의 자리에 오르기도 했다.

이순신 장군의 경우는 어떠한가. 임진왜란이 일어나자 여러 해전에서 연전연승을 거두고 삼도수군통제사가 되었지만, 가토 기요마사加藤淸正가 바다를 건너올 것이라는 일본의 거짓 정보에 속아 조정이 그에게 기요마사를 생포하라고 명령하자 그는 일본의 계략임을 알고 이에 응하지 않았다가 파직되고 투옥되기까지 했었다. 그럼에도 불구하고 백의종군하여 다시 나라를 구하는 데

* 가랑이 밑을 기는 치욕이라는 의미

앞장섰다.

어떠한 고난이라도 종교적 깨달음을 위해서나 입신양명을 위해서 또는 나라를 구한다는 커다란 가치 목표가 있다면 기꺼이 이겨 낼 수 있다. 소시민이라도 가족의 끼니를 위해 또는 사랑하는 연인을 위해 스스로 망가지기도 하고 끝내 역경을 딛고 일어서기도 한다. 도전해야 할 이유가 충분하다면 장애물은 문제가 되지 않는다.

노마드대디는 자녀에게 더욱 큰 가치를 가르치고자 노력한다. 큰 가치란 누군가에게는 가문의 영광이 될 수도 있고, 누군가에게는 종교적 소명일 수도 있다. 인류애나 예술혼을 위해 자신을 희생하고 열정을 다할 수도 있다. 개인주의가 보편화된 오늘날 가치를 위해 기꺼이 희생하는 모습이 낯설게 느껴질지 모르지만, 지금도 여전히 이런 일들이 빈번히 일어나고 있다. 역사적으로 봐도 더욱 큰 가치를 추구한 사람들이 힘든 상황을 더욱 잘 이겨 냈다는 사실을 확인할 수 있다. 유태인은 2천여 년 동안 나라 없이 전 세계에 흩어져 살았음에도 불구하고 선민의식이라는 높은 가치 때문에 민족성을 잃지 않을 수 있었다.

과거 대한민국 국민이라면 누구나 〈국민교육헌장〉을 줄줄 외우던 시기가 있었다.

우리는 민족중흥의 역사적 사명을 띠고 이 땅에 태어났다.

조상의 빛난 얼을 오늘에 되살려

안으로 자주독립의 자세를 확립하고,

밖으로 인류 공영에 이바지할 때다.

이에 우리의 나아갈 바를 밝혀 교육의 지표로 삼는다.

성실한 마음과 튼튼한 몸으로 학문과 기술을 배우고 익히며,

타고난 저마다의 소질을 개발하고 우리의 처지를 약진의 발판으

로 삼아 창조의 힘과 개척의 정신을 기른다.

공익과 질서를 앞세우며 능률과 실질을 숭상하고

경애와 신의에 뿌리박은 상부상조의 전통을 이어받아

명랑하고 따뜻한 협동 정신을 북돋운다.

우리의 창의와 협력을 바탕으로 나라가 발전하며

나라의 융성이 나의 발전의 근본임을 깨달아

자유와 권리에 따르는 책임과 의무를 다하며

스스로 국가 건설에 참여하고 봉사하는 국민정신을 드높인다.

반공 민주 정신에 투철한 애국 애족이 우리의 삶의 길이며,
자유세계의 이상을 실현하는 기반이다.

길이 후손에 물려줄 영광된 통일 조국의 앞날을 내다보며,
신념과 긍지를 지닌 근면한 국민으로서
민족의 슬기를 모아 줄기찬 노력으로 새 역사를 창조하자.

당시에는 '민족중흥의 역사적 사명'과 '조상의 빛난 얼을 오늘에 되살리는 일'이 중차대한 임무로 여겨졌고 우리의 존재 이유처럼 느껴졌다. 그랬기 때문에 머나먼 독일에서 남자들은 탄광에서 막노동을 하고, 여자들은 병원에서 시신을 닦는 일을 마다하지 않았다. 포탄이 날아다니는 월남전에서 끝까지 살아남았고, 중동의 뜨거운 모래바람 속에서도 지치지 않고 일할 수 있었다.

"새벽종이 울렸네. 새 아침이 밝았네.
너도나도 일어나 새마을을 가꾸세.
살기 좋은 내 마을 우리 힘으로 만드세"

새마을 노래를 부르며 밤낮을 가리지 않고 열심히 일할 수 있었다.

노마드대디는 가치의 소중함을 잘 안다. 그래서 자녀가 어릴 때부터 자녀 자신의 가치뿐 아니라 자녀가 속한 공동체의 가치가 얼마나 귀한지를 반복해서 가르친다. 자녀가 평생 자존감을 가지고 쉽게 포기하지 않을 이유를 만들어 주어야 하기 때문이다. 하다못해 "너는 멋진 내 아들, 내 딸이니까"라는 말을 해 주는 것도 좋다. "어이, 장군. 이 정도는 할 수 있지?" 하고 용기를 북돋워 주는 것도 좋다. 어린아이는 논리에 설득되지 않는다. 부모의 확신과 기대에 설득되고 부모의 말을 믿음으로 받아들이는 법이다.

노마드대디는 자녀가 성장함에 따라 더 큰 가치를 향해 인내하고 도전할 수 있도록 계속 격려한다. 각자 관심사에 따라 환경 문제를 평생의 가치로 삼을 수도 있고, 기아 문제에 관심을 가질 수도 있다. 학문이나 종교에 헌신할 수도 있고, 애국하는 길을 선택할 수도 있다. 노마드대디는 자녀가 더욱 높은 가치를 향하여 목표를 두고 성장할 수 있도록 도전하며 부딪히는 상황들을 이겨낼 수 있도록 지혜를 전수한다.

부모의 역할은
한시적

높은 가치를 가슴에 품고 온갖 역경을 뚫고 앞으로 나아가다 보면 어느 순간 막다른 길에 다다른 듯 절망하게 되는 극한 상황을 만날 수 있다. 제어할 수 없을 정도로 큰 사건 사고가 연달아 일어날 때, 제힘으로는 해결할 수 없는 문제에 봉착했을 때 우리는 신앙의 힘을 빌게 된다.

평소에 신앙은 인간으로 하여금 삶의 가치와 사랑의 마음을 잃지 않도록 바로잡아 주는 역할을 한다. 극한 상황에 처했을 때는 더욱 강력한 힘을 발휘하게 되는데 바로 구원의 희망이 되는 것이다. 그래서 신앙이야말로 인간의 의지가 무너질 때 끝까지 지탱할 힘을 주는 마지막 보루라고 할 수 있다.

특정 종교를 논할 필요는 없다. 자기 힘으로 해결할 수 없는 문제에 맞닥뜨렸을 때 인간은 나약해지는 동시에 겸손해진다. 그리고 절대자의 구원을 바라게 된다.

첨단화된 노마드 시대에도 신앙은 삶에 있어서 매우 중요한 요소 중에 하나다. 외롭고 힘든 상황에서 기도할 수 있는 사람은 쉽게 좌절하지 않는다. 극한 상황에서도 긍정적으로 승리를 꿈꾸는 사람은 절대 매몰되지 않는다.

자녀의 중요한 시험을 앞둔 부모가 종교에 의지하여 두 손을 모으고 기도하는 모습을 심심찮게 본다. 그만큼 연약한 마음에 큰 의지가 되고 힘이 된다는 뜻이다. 죽음을 앞둔 사람에게 이생과 영생에 대한 믿음은 얼마나 위안이 되고 희망이 되는가. 인생의 어느 순간이든 종교에 귀의하는 모습은 아무 의미 없이 태어나 우연 속에서 살다가 흔적 없이 죽는 것이 인생이라는 냉소적인 태도보다는 훨씬 믿음직스럽고 훌륭한 선택으로 보인다.

형제자매의 수가 적고, 친척의 수마저도 나날이 적어지는 핵가족 사회에서 '고독'은 심각한 사회문제가 된다. 노인들뿐만 아니라 젊은 일인 가구의 고독사가 늘어나고 있다. 변화에 대한 적응을 숙명처럼 여기고 살아야 하는 노마드에게 변치 않는 진리라는 신앙적인 지표는 매우 큰 힘이 된다.

노마드대디는 자신이 자녀에게 평생 수호자 노릇을 할 수 없다는 것을 잘 안다. 따라서 자녀가 스스로 의지할 수 있는 종교를 갖도록 인도하는 것은 매우 중요하다. 혼자 해결할 수 없을 때, 어느 누구에게도 도움을 청하지 못할 때 기도할 대상이 있다는 것만큼 큰 힘이 되는 것은 없다. 결국 신앙을 갖게 하는 것은 미래를 위한 가장 현명한 대비책인 셈이다.

옛 몽골인들은 전쟁을 앞두고 먼 길을 떠날 때 함께 모여 제사를 지내고, 하늘의 신에게 자신들의 앞날을 의뢰했다. 칭기즈칸은 다양한 종교의 가르침에 귀를 기울였고, 그 가르침을 따라 살고자 노력했다. 인류 역사상 가장 강력했던 정복자 중의 한 명인 그에게도 종교는 큰 의지가 되었고, 지혜의 원천이 되었던 것이다.

의술의 발달로 수명이 길어진 만큼 삶이 길어졌지만 동시에 고통스러운 시간도 그만큼 연장되었다고 볼 수 있다. 피할 수 없는 삶의 고통을 어떻게 이기며 살아갈 것인가. 노마드대디는 종교에서 그 해결책을 찾는 데 주저함이 없다. 종교는 나약한 사람들을 위한 것이 아니다. 종교는 현명한 사람들을 위한 것이다.

III

노마드

대디의

전략 2

◟⧽

3

도전 정신이 없으면
달릴 수 없다

　　　　　　　　정주민 사회는 도시
라는 점을 중심으로 하는 사회라고 할 수 있다. 이에
반해 노마드 사회는 끊임없이 이동하여 점을 확장시
키는 면의 사회다. 모바일은 현대사회의 특징 가운데
하나다. 면의 사회가 지닌 특징을 다르게 표현하면 변
화에 대한 유연한 대처와 전체를 이해하고 파악하는
정교한 정보력, 그리고 개인이 지닌 실력을 꼽을 수
있다.

　　노마드는 다양한 교통수단을 이용함은 물론이고
컴퓨터와 스마트폰을 들고 다니면서 세계 위에 면을
넓히며 나아간다. 촘촘한 네트워크를 그리며 살아가
야 할 자녀를 위해 노마드대디는 어떤 교육 전략을 가

지고 있을까?

　미지의 세계를 향하여 나아가려면 도전 정신이 필요하다. 노마드에게 도전 정신은 엔진이 만드는 추진력과도 같다. 도전 정신이 없는 노마드는 말을 타지 않고 터덜터덜 들판을 걷는 낙오자가 된다.

청소년은 더 이상
노마드키즈가 아니다

미국에서는 일을 처리하는 데 있어서 고려해야 할 우선순위가 있다고 한다. 첫째가 신God이고 둘째가 어린이, 셋째는 장애인, 넷째는 노인, 다섯째가 여자다. 그리고 여섯 번째가 애완동물이며 남자는 마지막 일곱 번째다. 그러고 보면 영화나 드라마에서 차를 탈 때나 위험한 상황이 닥쳤을 때 위의 순서대로 배려가 이루어지는 것을 알 수 있다.

미국에서는 만 13세에서 19세까지의 중고교생을 틴에이저라고 부른다. 이들은 몇 번째일까? 즉 틴에이저는 어린이일까 아니면 어른일까? 어른과 어린이의 구분은 지역과 문화에 따라 많은 차이가 있다. 우리나라의 경우, 만 24세까지를 청소년으로 분류하고 있다.

그런데 자녀교육에 있어서는 세계적으로 인정받는 유태인들이 성인식을 치르는 나이를 보면 생각이 달라진다. 남자는 13세 때 바르 미츠바Bar Mitzvah, 여자는 12세 때 바트 미츠바Bat Mitzvah라는 성인식을 치른다. 즉 중학생 정도만 되어도 성인으로 인정한다는 뜻이다. 실제로 유태인 사회에서는 성인식을 치른 소년소녀를 혼자 여행을 보내기도 하고, 거액의 축하금을 모아 주어 사업에 투자할 수 있는 기회를 주기도 한다.

그렇다. 청소년은 어린이가 아니라 어른이라고 해야 한다. 더 이상 노마드키즈가 아니다. 물론 아직 자녀가 없기 때문에 노마드대디와 노마드맘이 될 수는 없지만 어엿한 노마드로 성장한 어른으로 인정되어야 할 것이다. 그렇다고 해서 청소년에게 어른만큼의 의무와 책임이 주어져야 한다는 뜻은 아니다.

다만 청소년이라는 이유만으로 반항과 일탈이 무조건적으로 용납되는 것은 아니라는 사실을 깨닫게 해야 한다는 것이다. 어린이 때처럼 무한히 배려받는 시기가 아니다. 공동체 내에서 자신의 몫을 감당할 수 있고, 주위를 둘러보고 자기의 도움을 필요로 하는 사람들을 돌볼 줄도 알 시기다. 청소년은 타인의 필요를 적극적으로 채워 주거나 소극적으로나마 양보할 수 있는 시기다.

노마드대디는 청소년을 더 이상 노마드키즈로 대하지 않는다. 일방적으로 배려하거나 응석을 받아 주지 않는다는 뜻이다. 자기의 역할은 나 몰라라 하고 철부지처럼 받기만을 고집한다면 당당한 노마드로서 성장하기엔 아직 멀었다고 할 수 있다.

노마드대디는 청소년 자녀에게 책임감을 가르치고 요구한다. 책임감을 느낀 청소년들이 청소년 특유의 반항심으로 불만을 거칠게 표현하고 때로는 극적인 사고를 터뜨리기도 할 수 있지만 그 모두가 한 사람의 성인으로서 성장하는 통과의례가 될 것이다.

그런 통과의례를 이겨 내지 못하다면 몸은 성인이 되었어도 내면은 어린

아이에 머물러 미성숙한 성인이 될 것이다. 노마드 사회에서 미성숙은 바로 낙오로 이어진다. 남에게 요구할 줄만 아는 사람은 공동체의 질서와 규칙을 위협하고, 매사에 불평만 하고 자기 의무를 다하지 않는 사람은 미래의 리더가 될 수 없다.

노마드대디에게 청소년은 자녀 스스로 독립을 준비하는 시기이며, 더 이상 배려받는 존재가 아니라 남을 배려하는 존재로 성장하는 시기로 인식된다. 그에 걸맞게 노마드대디는 중요한 의사 결정에 있어서 자녀를 배려하고, 자녀의 의견을 존중한다. 그러나 아직 완벽히 성장하지 못한 준성인의 위치를 감안하여 실수에 대해서는 너그럽게 용서하고 기다려 주기도 한다. 노마드는 여러 가지 시행착오 속에 좌충우돌하며 성장해 가는 법이기 때문이다.

대문을
박차고 나가라

우리나라에서는 자녀를 혼낼 때 흔히 "집에서 당장 나가" 하고 소리를 지른다. 그에 반해 서양 문화권에서는 "어서

네 방으로 들어가"라고 야단을 친다고 한다. 동과 서의 차이만큼이나 '밖으로'
와 '안으로'의 엄청난 시각 차이가 있다.

우리는 대개 집은 세상으로부터 안전을 확보한, 따뜻하고 행복한 곳이라
는 인식이 있다. 바깥세상은 온갖 위험이 도사리고 있는 들판이다. 그래서 아
이를 혼낼 때 집에서 밖으로 나가라고 위협하는 것이다. 아이는 집에서 쫓겨날
까 봐 겁에 질린 표정으로 잘못을 시인하고 용서를 구한다. 그러나 서양에서
바깥세상은 무한한 가능성과 기회가 있는 곳이기 때문에 자기 방으로 쫓겨 들
어가는 것은 오히려 엄청난 고통이 된다. 따라서 효과적인 벌이라고 할 수 있
다.

1990년대에 일본에서 사회문제로 떠오른 은둔형 외톨이, 히키코모리가 화
제가 된 적이 있다. 사회생활에 적응하지 못하고 집 안에만 틀어박혀 사는 사
람들을 일컫는 말인데 당시에는 먼 나라 이야기 같이 들렸다. 그러나 근래에는
우리나라에서도 심심찮게 발견된다. 방 안에 콕 틀어박혀 사는 쓸모없는 사람
이라는 뜻의 은둔 폐인과 비슷하다고 할 수 있다. 스스로 사회와 담을 쌓고 외
부 세계와 단절된 채 생활한다는 점에서 은둔 폐인과 히키코모리가 공통점을
보인다. 핵가족화로 인한 이웃 및 친척과의 단절, 정보통신 기술의 발달로 인
한 급속한 사회변화, 취업난, 사교성 없는 내성적인 성격 등이 원인으로 지적
되고 있다.

그러나 노마드는 세계라는 들판을 달리는 사람이다. 노마드의 삶은 집을 떠남으로써 시작된다. 무한한 가능성이 펼쳐진 세상으로 나아가는 것이다. 노마드대디는 자녀가 TV나 컴퓨터 앞에서 일어나 집밖으로 나가도록 권한다. 노마드는 안락함을 추구하는 대신에 바람을 가르며 도전하는 쪽을 선택한다. 노마드에게 "네 방으로 들어가"라는 명령만큼 무서운 것은 없다.

우리나라 사람 대부분은 아파트와 같은 공동주택에서 생활한다. 단지화된 아파트는 운동할 수 있는 공간이 협소할 뿐만 아니라 정원에 뭔가를 마음대로 심거나 가꿀 수가 없다. 공용 시설물에 해당하기 때문이다. 또한, 개인 주택에 비해 아파트 단지는 상대적으로 단조로운 구조를 가질 수밖에 없다. 아파트는 편의성이나 안전성 측면에서 매우 효율적이지만 아이들이 창의성과 도전 정신을 기르는 데는 오히려 최악의 환경이라고 할 수 있다.

요즘은 유명 아파트 브랜드들이 주민들의 의견을 적극 반영하여 편의시설을 확충하거나 정원을 아름답게 꾸미는 등 획일화된 단지의 이미지를 벗으려 노력하는 모습을 보이기도 한다. 그러나 그럼에도 불구하고 주민들이 자유롭게 아파트 공간에 변화를 주는 것은 불가능하다.

과거에는 삽과 괭이를 들고 마당에 화단을 꾸미거나 직접 담장을 수리하기도 했다. 골목길에 구덩이를 파놓고 나무줄기로 얼기설기 덮어 함정을 만드는 짓궂은 장난을 했다. 비가 오면 흙길 한 모퉁이에 두덩을 쌓아 댐을 만들고,

나뭇가지로 물레방아를 만들어 돌려 봤다. 추수가 끝난 논밭에서 불장난을 하다가 걸려서 호되게 야단맞기도 했다. 천방지축으로 행동했지만 즐겁기만 했던 시절이다. 그러나 지금은 그런 삶이 애당초 불가능하다. 호기심을 자유롭게 펼치고 해소할 만한 여유 공간이 없는 탓이다.

따라서 노마드대디는 자녀와 함께 아파트 단지를 탈출하는 훈련을 자주 한다. 자녀의 행동반경을 넓혀 주고, 경험의 폭과 깊이를 확장시켜 주기 위해서다. 획일화된 공간이 주는 안락함과 안전을 버리고 일부러 불편함과 위험이 숨어 있는 바깥세상으로 나아간다. 미지의 세계를 탐험해야만 호기심이 해소되고 직접적인 경험을 통해 지혜를 얻을 수 있기 때문이다. 휴일에 피곤함을 무릅쓰고 자녀와 함께 집을 나서는 것은 그것이 자녀의 미래를 위한 효과적인 투자임을 알기 때문이다.

노마드의 삶은 역동적이고 흥미진진하다. 역동적인 삶이란 누군가에게는 흥미진진한 세계이지만 또 누군가에게는 두려워서 피하고 싶은 세계이기도 하다. 냉정하게 말해서 현관문을 열고 밖으로 나가는 것 자체가 두렵다면 노마드가 되기는 포기해야 할 것이다.

자녀가 노마드 시대에 걸맞게 활기찬 노마드로서 자라기를 바란다면, 자녀가 세상에 대한 두려움을 이기고 과감하게 달려 나갈 수 있도록 부모가 먼저 집을 나서야 한다. 세상으로 나가야 다양한 경험을 할 수 있다. 이것은 단순한 진리다.

노마드대디는 자녀가 늘 새로운 도전을 할 수 있도록 자극하고 격려한다. 아빠 스스로 솔선수범하여 도전하는 모습을 보여 주는 것이 가장 좋은 방법이다.

위험하다. 불결하다, 힘들다. 쓸데없는 일이다 등의 이유로 자녀에게서 도전할 기회를 차단하는 것은 보호가 아니라 훼방이다. 선택을 극도로 제한한다면 호기심이 일어날 여지가 없다. 생각과 의지의 독립성마저 싹이 트지 못하게 된다. 결국 부모의 지나친 염려와 간섭이 자녀의 미래를 망치는 결과를 가져오게 될 것이다.

대문을 박차고 나서야 한다. 세상은 자녀에게 광활한 실험 무대가 된다. 노마드대디는 시간을 내어 자녀와 여행을 즐기고, 운동경기를 관람하거나 각종 문화 행사에 참석한다. 삶의 지혜를 배울 수 있는 곳은 다양하다. 심지어 장례식장에서도 배울 수 있다. 자녀가 직접 경험하고 체험할 수 있도록 돕는 것이 부모의 역할이다.

아빠가 아이와 할 수 있는 놀이는 무궁무진하다. 아이디어가 부족하다면 서점에 가서 책을 찾아봐도 좋다. 미국 캘리포니아에서 팅커링 스쿨Tinkering School을 운영하고 있는 게버 털리Gever Tulley, 줄리 스피글러Julie Spiegler가 펴낸《아이와 함께 할 수 있는 50가지 위험한 실험》은 노마드대디들에게 많은 아이디어를 준다. 불 피우기, 병 터트리기, 쓰레기통 뒤지기, 돋보기로 물건 태우기, 나무 타기, 칼싸움 연출하기, 대중교통으로 여행하기 등 위험하지만 정말 많은 경험을 할 수 있는 다양한 실험들이 소개되어 있다. 아쉽게도 나는 이 책을 자녀들을 다 키운 후에 보았다. 인터넷을 통해서도 아이들과 함께할 수 있는 놀이에 대한 많은 아이디어를 얻을 수 있다. 실천하려는 마음만 있으면 바깥세상으로 나가는 길을 찾을 수 있다.

개중에는 시간이 많이 들고 몸이 고단할 뿐만 아니라 심지어 부상을 당할 정도로 과격한 놀이도 있다. 내 자녀를 키울 때 그런 경험을 많이 했다. 산에서 길을 잃어 밤늦게까지 고생한 적도 있고, 운동하다가 부딪혀서 구급차를 타 보기도 하고, 여행 중에 먹을 것이 떨어져서 고생하기도 했다. 그러나 시간이 지난 지금, 그 고생스러웠던 일들이 자녀에게는 소중한 경험이 되었고 우리 가족에게는 아름다운 추억이 되어 있음을 본다.

노마드는 이론이 아닌 경험을 통해 성장한다. 할 수 있는 한 세상을 다양하게 경험해 볼 수 있도록 기회를 제공하고 격려하는 것이 필요하다. 어느덧 유약했던 자녀가 어지간한 상황에도 당황하지 않고 문제를 처리하는 배포 있는 노마드로 성장한 모습을 보게 될 것이다.

예측 불가, 불확실성, 복잡 다양성으로 설명할 수 있는 노마드 시대에는 어떤 상황이라도 즐길 수 있는 여유와 담대함이 요구된다. "피할 수 없다면 즐겨라"라는 말이야말로 노마드에게 매우 유용한 조언이다.

힘든 과업에 도전하고,
실패를 즐겨라

모름지기 도전은 쉬운 법이 없다. 힘
들고 어려운 것이다. 특히 노마드가 부딪히는 일들은 정주민이 상상할 수 없을
정도로 다양할 수밖에 없다. 노마드대디는 자녀에게 어떤 상황에도 굴하지 않
고 실패를 두려워하지 않도록 가르친다.

"신은 인간에게 기쁨을 선물로 주었다. 이것을 시기한 사탄이 유
사품을 인간 앞에 내놓았는데 그것이 바로 '재미'다. 기쁨과 재미는
서로 비슷해 보이지만 전혀 다르다. 재미를 추구하는 사람은 기쁨을
얻을 수 없으며, 기쁨을 즐기는 사람은 재미를 하찮게 여긴다."

어느 목사님이 들려주신 말씀이다. 나는 등산할 때마다 이 말을 생각한다.

정상에서 느끼는 것은 기쁨이다. 그러나 정상까지 오르지 않고 산 중턱에서 즐기는 것은 재미다. 재미에 만족한다면 기쁨을 누릴 수 없다. 산을 오르는 동안 계곡에서 호젓함을 즐기고, 자연을 벗하며 느긋한 즐거움을 누릴 수는 있다. 어쩌면 그것만으로도 충분히 즐거울 수 있다. 그러나 정상에 오른 자만이 느낄 수 있는 짜릿한 기쁨은 알 수가 없다. 재미만 추구하는 사람은 결코 기쁨을 알지 못한다.

도전의 과정은 힘들고 대개 재미를 느낄 여유가 없다. 그러나 도전에 성공하고 난 성취감은 무엇과도 비교할 수 없는 큰 기쁨이다. 등산의 경우처럼 산 정상에서 느끼는 성취감은 개인적 기쁨에 그치지 않고 자연과 하나가 되는 놀라운 경험으로 확장된다. 직접 해 보지 않으면 알 수 없는 체험이다.

노마드대디는 자녀로 하여금 도전을 두려워하지 않고, 오히려 도전하는 삶을 즐기도록 자극하고 가르친다. 막무가내로 밀어붙이는 것이 아니라 자녀의 수준에 맞추어 적절한 과업을 고안하고 제안한다. 도전이 얼마나 흥미로운 것이며 그 과정에서 얻는 지식과 지혜가 얼마나 많은지를 아빠가 솔선수범을 통해 가르쳐야 한다.

자녀와 함께 운동하는 것은 도전 정신을 기르는 데 큰 도움이 된다. 자전거 타기를 예로 들어 보자. 숨이 차오르고 다리에 통증이 느껴질 때까지 달리다 보면 입에서 단내가 나다가 결국 기진맥진하게 된다. 극한의 상태에 이르기까지 운동을 함으로써 심신을 단련시키고, 부모와 자녀가 함께 고생하는 과정을 통해 유대가 깊어지는 효과를 얻는다. 육체적 고통을 이겨 낼 수 있으면 삶의 다른 어려움도 어렵지 않게 이길 수 있다.

운동의 성취감이 작은 승리가 되어 승리하는 습관을 만들어 주게 된다. 훈련 과정을 사진이나 동영상으로 찍고 기록함으로써 가족 공동의 추억을 만드는 것이 좋다. 이를 SNS를 통해 소개함으로써 많은 사람의 격려를 받게 하는 것도 좋은 방법이다.

요즘 청소년들은 예전에 비해 체격은 좋아졌으나 체력이 약하다는 이야기를 많이 듣는다. 학교와 학원을 오가며 공부만 하기 때문에 운동장에서 햇볕을 쬐며 운동할 시간이 없기 때문이다. 참으로 안타까운 일이 아닐 수 없다. 인생은 사무실의 업무로만 이루어지지 않는다. 몸으로 버틸 줄 알아야 인생길을 제대로 갈 수 있다.

노마드대디는 자녀의 건강을 위해서라도 바깥에서 시간을 보내는 것을 두려워하지 않는다. 안락함만 추구하다 보면 들판의 모래바람도 이기지 못하는 나약한 성인으로 자랄 수 있기 때문이다. 험한 길을 견디어 갈 줄 알아야 귀한 것을 얻을 수 있다.

나는 2002년부터 산림청에서 정한 100대 명산을 가족과 함께 오르는 도전을 해 왔다. 지금은 자녀들이 장성하여 한자리에 모이는 시간을 내기도 쉽지 않지만, 몇 년간 가족이 함께 산을 오르면서 많은 추억을 쌓았다. 가족이 함께 도전할 수 있는 버킷리스트를 만들어 달성해 나가는 것도 좋은 방법이다.

정주민 사회가 이성 중심의 엄숙한 시대였다면, 현대는 끊임없이 이동과 변화 속에서 가치를 해석하는 노마드 시대다. 고정된 가치 체계를 무조건 따르는 것이 아니라 그것을 극복하고 늘 새로운 것을 모색하는 노마드의 자세가 현대사회의 특징이 되었다.

그러나 새로움을 추구하며 도전하며 살다 보면 남들보다 실패를 더 많이 경험할 수밖에 없다. 인생 삼대 악재 중에 '초년 성공'이 있다. 어린 시절에 승승장구만 경험해서 어려움을 몰랐던 사람이 나이가 들어 실패를 경험하게 될 경우 더 깊은 좌절에 빠져 버린다는 뜻이다. 실패를 해 봐야 내면이 더 단단해지는 것은 당연한 이치다.

많은 선택과 도전을 하며 살아가는 노마드의 삶에서 실패는 피할 수 없는 것이다. 노마드대디는 자녀가 실패를 두려워하지 않고 오히려 즐길 수 있도록 가르친다. 실패를 즐기라는 것은 성공보다 실패에 익숙해지라는 뜻이 아니다. 열심히 도전하고 노력함으로써 성공을 열망하되 실패했을 경우에도 좌절하지 말고 대수롭지 않게 툴툴 털고 일어설 수 있는 힘을 가져야 한다는 뜻이다.

그런 의미에서 자녀의 성적이 떨어졌을 때 야단스럽게 자녀를 몰아붙이고 닦달하는 것은 결코 지혜로운 행동이 아니다. 실패를 두려워하여 도전을 피하는 나약한 사람으로 만들어 미래를 망치는 일이 될 수 있다. 인생에서 예측 가능하고 안전하기만 한 투자란 없다. 특히 노마드의 삶은 하이 리스크 하이 리턴High risk, high return인 경우가 많다. 위험요소가 큰 만큼 얻는 것도 많다는 뜻이다. 인생에서 성공 확률은 갈수록 줄어들게 마련이다. 초등학교 때는 누구나 마음만 먹으면 성적을 올릴 수 있지만, 직장에서 마음먹었다고 원하는 대로 승진이 되는 건 아니지 않은가.

노마드대디는 자녀를 성공의 잣대로 재단하지 않는다. 실패를 피할 수 없다면 즐기는 것이 낫다. 실패를 어떻게 활용하느냐에 따라 후에 더 큰 성공으로 가는 디딤돌로 삼을 수 있다. 따라서 노마드대디는 일의 결과와 상관없이 자녀에게 전폭적인 신뢰를 보여 준다.

여러 가지 도전을 하다 보면 마음에 상처를 받거나 몸에 부상을 입을 수 있다. 이때도 노마드대디는 대수롭지 않게 반응한다. 원래 아이들은 그렇게 자라는 것이 아닌가. 마음 아파하고 무릎이 깨지면서 아이들은 강인해지고 대담해진다. 친구들과 놀다가 다쳐서 들어왔을 때 화들짝 놀라면서 누가 그랬느냐고 다그치는 것은 도움이 되지 않는다. 그럴 수도 있다며 대수롭지 않게 자녀의 등을 두드리는 편이 오히려 낫다.

사고는 언제든 일어날 수 있는 일이다. 노마드대디는 예민하게 반응하지 않고 의연하게 대처하는 태도를 가르친다. 염려증이 많은 어른들이 지레 겁을 내서 사전에 위험 요소를 모두 제거한다고 해도 완벽하게 차단하지는 못한다. 그뿐만 아니라 화초처럼 안전하게만 키우다 보면 자녀는 독립심을 가질 기회를 잃고 자신에게 닥친 문제에 대처하고 해결해 갈 능력을 키우지 못하고 만다.

우리나라의 유치원들은 사고가 날 수 있는 위험한 것은 철저히 배제한다. 만약 작은 사고라도 나게 되면 큰 난리가 난다. 그러나 서양에서는 다소 위험할 수 있는 곳에서 아이들이 놀게 함으로써 위험을 인지하고 대비하는 법을 스스로 배우게 한다. 그래서 그들은 "내가 정말 알아야 할 모든 것은 유치원에서 배웠다"라고 하나 보다.

경제관념은
일찍 가르칠수록 좋다

노마드 시대에 경제관념은 특히 중요하다. 정주민 시대에는 평생직장이란 개념이 보편적이었으며 직장에 들어가서 매월 정해진 급여를 받으니 경제적으로 비교적 안정적이었다. 그러나 지금은 비정규직의 비율이 높아졌고, 직장을 옮기는 일도 흔해진 시대가 되었다. 여러 가지 사정으로 개인사업자가 된 사람들도 많으니 어느 때보다 경제관념이 중요한 시대가 되었다. 특히 세계를 무대로 역동적으로 살아가는 노마드에게는 확실한 거래와 안정적인 투자 및 저축이 생존을 위해서도 필수적이다.

우리나라에서는 아직도 고등학생이 아르바이트를 한다고 하면 부모가 두 손을 들고 말리며 공부할 시간에 딴짓하지 말고 용돈을 줄 테니 공부만 하라고 명령하곤 한다. 아르바이트를 하는 고등학생은 대개 공부와는 담을 쌓거나 탈선한 불량 학생이라고 여기는 편견도 아직 많다.

그러나 서구 문화권에서는 십 대 후반이 되면 누구나 아르바이트를 하여 스스로 용돈을 벌고 부모로부터 경제적으로 독립을 시도한다. 경제적인 여유가 있는 집안의 자녀도 일찌감치 경제적인 독립을 꾀한다. 어려서부터 경제적인 주체로서 자라기를 교육받기 때문이다.

외국에는 아기 돌보기, 잔디 깎기 등 이웃 간에 아르바이트를 할 수 있는 문화가 있다. 이런 문화는 우리나라에도 도입이 되면 좋을 것이다. 우리는 가까운 사이에 돈거래를 꺼린다. 그래서인지 이웃집의 일을 거들고 도와주더라도 사례를 사양하는 것이 예의라고 배워 왔다. 과거에는 이웃과의 긴밀한 소통이 있었기 때문에 서로의 필요를 기꺼이 해결해 주었으나 이웃 간에 대화가 줄어든 오늘날에는 어려움이 있어도 이웃에게 부탁하지 않는 문화가 되어 버렸다. 부탁하는 사람이나 부탁받은 사람이나 수고에 대해서 합리적으로 사례를 주고받는 것이 모두를 위해서 좋을 것 같다.

불황으로 경제 상태가 심각한 시대를 살고 있다. 때문에 대학을 졸업하고도 번듯한 직장을 얻지 못해 부모에게 경제적으로 의존하는 젊은이들이 많다. 부모의 지갑을 화수분쯤으로 여기고 성인이 되어서도 경제적으로 독립하지 못한다면 개인적으로나 사회적으로도 큰 손실이 아닐 수 없다.

그뿐만 아니라 취직할 나이가 되었는데도 취직을 하지 않고 부모에게 얹혀살거나 취직을 했더라도 경제적으로 독립하지 못하고 부모에게 의존하는 젊은이도 있다. 이들을 가리켜 캥거루족이라고 한다. 어쩔 수 없이 부모에게 의존하는 것이 아니라 취업을 할 수 있음에도 불구하고 적극적으로 일자리를 찾지 않고 부모에게 빌붙어 산다고 하니 답답한 노릇이다.

분명한 것은 기술의 발달과 전 세계적 무한경쟁의 영향으로 일자리는 계속해서 줄어들 것이며, 전통적인 개념의 안정된 일자리는 아예 사라져 갈 것이라는 것이다. 배운 지식을 통해 이익을 창출할 줄 모른다면 진정한 공부를 했다고 볼 수 없다.

시대의 흐름을 잘 읽는 노마드대디는 자녀로 하여금 청소년 때부터 스스로 용돈을 벌게 하거나 일정 금액으로 투자할 수 있는 기회를 허락한다. 노마드 시대의 경쟁력을 키우는 좋은 방법이기 때문이다.

홀로 떠나는
노마드키즈

노마드대디는 자녀가 어렸을 때부터 집을 떠나는 훈련을 시킨다. 어느 정도 성장한 다음에는 자녀 혼자 집을 떠나도록 훈련시킨다. 이것이 진정한 노마드키즈가 되는 길이다. 이왕이면 집에서 멀리, 가급적 오랜 기간 떠나 있게 해야 제대로 된 훈련을 경험할 수 있다.

자녀 혼자 멀리 보내는 것을 두려워하는 가정이 많다. 그래서 선뜻 용기를 내지 못한다. 특히 외동아이를 키우는 경우에는 그런 경향이 더욱 두드러진다. 그러나 부모의 과잉보호는 자녀의 자유로운 날갯짓을 방해할 뿐이다.

자녀들은 어차피 자신만의 세계를 찾아서 떠나야 한다. 부모 품에 있을 때 미리 자기 힘으로 날아오를 수 있도록 훈련을 시킬 필요가 있다. 충분한 훈련 없이 자녀를 사회로 내보낸 후 지속적으로 후견인 역할을 하는 헬리콥터맘은 자녀가 결혼한 이후에도 시시콜콜 간섭하고 가정사에 개입한다. 이것이야말로 자녀의 미래와 가정을 파괴하는 지름길이다.

학교나 단체에서 개최하는 캠프에 자녀를 보내는 것도 좋은 훈련이다. 친구들과 떠나는 여행도 좋고, 방학 동안 부모와 떨어져 친척 집에서 지내도록 하는 것도 좋다. 부모의 품을 벗어나는 훈련을 일찌감치 시키는 것이다. 이러한 훈련을 통하여 부모에 대한 의존을 줄일 수 있다. 부모의 소중함을 깨닫는 계기가 되기도 한다.

캠프 활동을 통해 스스로 계획하고 실행하는 법, 다른 사람들과의 관계를 맺는 법, 부모의 시각이 아닌 자신의 시각으로 세상을 보고 판단하는 법 등을 배울 수 있다. 다시 말해 노마드로서 독립할 수 있는 제반 지혜를 습득할 좋은 기회인 것이다.

자녀보다 오히려 부모가 분리불안을 더 크게 겪는 경우도 많다. 그런 부모라면 절대 자녀를 품에서 놓아줄 수 없을 것이다. 때가 되면 자녀는 부모의 품을 떠나 독립해야 한다. 따라서 부모 또한 떠나보내는 훈련을 해야 한다.

자녀가 독립하여 집을 떠난 뒤에 부모가 경험하는 상실감, 슬픔, 외로움을 빈둥지증후군Empty Nest Syndrome이라고 한다. 평소 자녀를 떠나보내는 훈련을 하지 못한 탓에 부모가 겪는 정신적 질환이다. 변화를 새로운 도전이나 전환점으로 받아들이기보다는 스트레스로 받아들일 때, 자녀가 성인으로서 책임감을 다할 준비가 되어 있지 않다고 생각할 때 더 깊은 슬픔을 경험한다고 하니 부모 스스로를 위해서라도 평소에 자녀를 떠나보내는 마음의 훈련을 할 필요가 있다. 여기서 자녀를 떠나보낸다는 것은 물리적인 이별만이 아니라 정서적으로도 분리하는 것을 말한다. 자녀를 완전히 독립시키기 위해서는 당분간 아예 연락을 끊는 것도 좋은 방법이 될 수 있다.

정보통신 기술이 발달한 현대에 자녀가 세계 어느 곳에 있더라도 소통하는 데에는 큰 어려움이 없다. 오히려 SNS를 통해 한집에 살 때보다 더 자주 연락을 할 수도 있다.

노마드대디는 자녀를 자신의 울타리 안에 가두어 두지 않는다. 가능성이 많은 세상으로 방목하듯이 내보낸다. 노마드의 삶은 기본적으로 떠남이 전제가 되는 삶이다. 자녀가 어릴 때부터 자게나마 떠남을 경험하게 함으로써 세상에 대한 두려움을 없애고 자신감을 갖고 긍정적인 태도로 세상을 향하여 나설수 있도록 도와야 한다.

스스로 결정하는
노마드키즈

마마걸, 마마보이라는 말이 있다. 부모가 모든 것을 다해 주다 보니 스스로 결정할 수 있는 능력이 결여된 사람들이다. 심지어 부모가 대학교 수강 신청까지 도와주어야 하고, 학점에 문제가 생기면 엄마가 교수실에 항의 전화를 한다고 한다. 취업, 결혼, 자녀 출산까지도 일일이 지도를 받아야 하니 도가 지나쳐도 한참 지나치다. 이들은 명문 대학을 졸업했어도 스스로 아무것도 결정하지 못하고, 해결하지 못하는 결정장애자들이다. 자신의 생각이나 의견이 없고 늘 자신감이 부족하다.

선택의 여지가 많은 노마드 시대에 결정장애는 재앙이 아닐 수 없다. 결정장애를 알아볼 수 있는 간단한 테스트가 있다.

1. 제대로 된 선택을 하지 못해 일상생활에 손해를 입은 적이 있다.
2. 선택하는 것이 두렵고, 결과에 대한 스트레스가 크다.
3. 누군가 질문을 하면 잘 모르겠다는 모호한 말을 먼저 내뱉는다.
4. 혼자서 쇼핑하는 일이 어렵다.
5. 인터넷이나 SNS을 통해 타인에게 사소한 결정을 부탁하곤 한다.
6. 식당에서 메뉴를 고를 때 혹은 TV 채널을 돌릴 때 타인의 결정을 따라간다.

이 중 4개 이상 해당한다면 결정장애라고 한다. 결정장애를 극복하기 위해서 여러 가지 노력을 해야 한다. 먼저 실패에 대한 두려움을 없애야 한다. 둘째, 결정하지 못해 무작정 시간을 보내는 일이 없도록 마감 시간을 정하는 것이 좋다. 셋째, 다수의 의견에 참고해서 가볍게 선택하는 연습을 하는 것이 좋다.

노마드대디는 자녀가 자신의 문제를 고민하고 스스로 결정할 수 있도록 돕고 자녀의 결정에 함부로 개입하지 않는다. 자기 날갯짓으로 나는 연습을 해야 하는 어린 새에게 언제까지나 둥지에 머물러 있으라고 할 수는 없다. 그랬다가는 스스로 날아오르는 능력을 습득하지 못한 채 날지 못하는 새로 살아가야 할 것이다.

어른에 의해 방향을 제시받고, 스스로 선택할 기회를 가지지 못하게 되면 흥미가 반감되고, 성취의 기쁨도 줄어들 수밖에 없다. 게다가 실패할 경우에는 자연스럽게 책임을 어른에게 돌리게 된다. 자녀 스스로 목표를 정하고, 이를 향하여 달려갈 수 있는 환경을 만들어 주어야 한다. 어차피 부모보다는 자녀가 세상을 더 오래 살 테니 부모가 자녀의 일생을 책임질 수는 없지 않은가.

자녀의 홀로서기를 위해서 혼자 정보를 찾고, 혼자 결정하고, 혼자 문제에 직면할 수 있도록 돕는 것이 좋다. 자녀가 중요한 결정을 할 때 부모가 함께 상담해 주는 것은 필요하다. 그러나 그것은 어디까지나 조언일 뿐 결정은 자녀 스스로 내려야 한다.

사실 요즘은 부모 세대보다 자녀가 훨씬 더 풍부한 자료와 정보를 가지고 있는 경우가 많다. 같은 고민을 하는 사람들끼리 정보를 나누는 인터넷 카페도 많고, SNS를 통해 친구들에게 조언을 쉽게 얻을 수 있기 때문에 대부분의 중요한 의사 결정은 자녀에게 맡겨도 크게 문제 되지 않을 것이다.

자신의 미래를 스스로 만들어 나가는 것은 두렵고 떨리는 일이겠지만 역동적인 노마드 시대를 살아가려면 피할 수 없는 과정이다.

4

실력을 갖추면
어디서든 환영받는다

인류의 역사는 신기
술의 역사다. 일본의 야쿠시지 타이조<small>薬師寺泰蔵</small> 교수는 저
서 《테크노 헤게모니》에서 다음과 같이 밝히고 있다.

"국가의 패권은 기술이 좌우한다. 후발 신
흥국은 언제나 새로운 기술과 함께 등장했다."

적과 싸워 이기기 위해 적이 가지지 못한 새로운
전쟁 무기와 기술을 필요로 했다. 기술은 혼자서 개발
할 수 없고, 완성시킬 수도 없는 것이다. 그래서 주로
적의 기술을 수입해 자기의 기술로 삼았다.
칭기즈칸은 신기술의 수입과 발전을 위해 기술자

집단을 극도로 우대했다. 어느 나라, 어느 성을 정복
하든 기술자만은 죽이지 않고 살려 두었다는 데서 잘
드러난다.

지금도 마찬가지다. 실력만 갖추면 세계 어디서든
환영받을 수 있다.

배움의 기본은
존경이다

실력을 갖출 수 있는 제일 기본은 자녀로 하여금 선생님을 존경하게 만드는 것이다. 교육이란 피교육자가 교육자를 존경할 때 그 효과가 높아지기 때문이다. 선생님과 소통을 넘어서 존경하는 자세가 필요하다.

노마드대디는 선생님을 앞지르지 않는다. 요즘 아이들은 유치원이나 어린이집에서 선행학습을 많이 한다. 이전 세대만 해도 초등학교에 입학해야 겨우 한글을 배우곤 했는데, 지금은 다섯, 여섯 살만 되어도 한글을 떼고 덧셈, 뺄셈까지 척척 해내도록 가르친다. 그러나 선행학습을 한 후 초등학교에 들어가면 수업이 더 재미있을까? 그렇지 않다. 이미 다 아는 내용을 또 배우기 때문에 수업이 지루할 수밖에 없다.

문제는 선행학습을 한 아이들이 '우리 선생님은 너무 쉬운 것만 가르쳐 준다. 학습지 선생님보다, 학원 선생님보다 실력이 없다'고 생각한다는 것이다. 그러한 아이들은 학교 수업을 무시하고 소홀히 하게 된다. 선생님을 무시하는데 교육이 제대로 이루어질 리가 있을까.

선행학습을 했기 때문에 수업 시간에 떠들고 낮잠을 자도 성적은 좋게 나올 수 있다. 그러다 보니 어느덧 학교는 친구들과 놀거나 엎드려 쉬는 곳이 되고 만다. 방과 후 사설 학원에서 자기 수준에 맞는 공부를 하면 되기 때문이다.

　뇌가 가장 활동적인 낮 시간 동안은 학교에서 떠들고 놀면서 보내고, 밤늦도록 학원에서 공부해야 하니 이 얼마나 비효율적인 학습 방법인가. 공부시간만 길어졌지 전혀 효율적이지 못하다. 그런 아이들은 운동할 시간도, 책 읽을 시간도, 가족들과 대화할 시간도, 자연을 즐길 시간도 가지지 못해 노마드로서의 자질을 갖추지 못한다. 그뿐만 아니라 장기적으로 자녀로 하여금 공부에 재미를 느끼지 못하게 하고 되레 지치게 만드는 일이다.

　학원은 영리를 목적으로 하는 곳이다. 당연히 학생을 고객으로 여기고 여러 가지 마케팅을 펼치며 학원을 찾아온 학생들이 학원에 대한 의존도를 높이려고 할 것이다. 유치원부터 시작된 학원 생활은 심하게는 자녀의 평생에 걸쳐 벗어나기 힘든 굴레가 된다.

　선행학습은 그야말로 자녀의 학습 의욕을 떨어뜨리는 주범이다. 연령에 맞지 않는 과도한 공부로 인해 아이들을 힘들게 하고, 경제적으로도 큰 부담을 안겨 준다. 이웃집 엄마들의 말에 혹하여 이 학원 저 학원을 찾아다니게 만들고, 자녀 앞에서 학교 선생님을 무시하고 함부로 말하는 것을 삼가야 한다. 스승을 존경할 줄 모르는 사람은 누구에게서도 지혜를 배울 수 없다.

　제철에 나는 과일이 제일 맛있듯이 공부도 학교 진도에 맞추어 적기에 배우는 것이 가장 효과적이다. 어릴 때는 창의력과 상상력의 나래를 펼칠 수 있어야 한다. 지나친 선행학습은 공부의 재미를 빼앗고 오로지 진도 경쟁, 속도 경쟁만 매달리게 만든다. 자기 학년에 맞추어 소화할 수 있는 만큼 배우고 익힌다면 교실에는 질문이 넘쳐나고 미래를 주도할 창의적 인재가 교실 안에서 성장할 수 있을 것이다.

신행학습의 또 다른 폐해는 실제로 재능이 있는 아이들에게 좌절감을 심어 주어 그 재능을 포기하게 만든다는 데에 있다. 선행학습을 해 온 아이들이 문제를 척척 해결하는 것을 보면 그 과목을 좋아하는 아이들이 지레 겁을 먹고, 스스로 재능이 없다고 여김으로써 자조하며 그 길을 포기하게 되기 때문이다. 주입식 교육을 통해 공부한 아이가 진짜 재능이 있는 아이들을 대체함으로써 그 분야에서 좋은 성과를 낼 수 있을까? 불가능한 일이다.

노마드대디는 제대로 된 교육은 학교에서 이루어져야 한다고 믿는다. 그러기 위해서 자녀가 학교 선생님을 존경하고, 선생님의 가르침을 기쁘게 받아들일 수 있도록 가르친다.

실수를 허용하고
평균 점수를 포기한다

　　　　　　월드컵 결승전에서 프리킥을 넣어야 하는 선수가 감당해야 하는 스트레스는 어마어마할 것이다. 평소라면 백 퍼센트 골을 넣었을 선수도 결정적인 순간에 어이없는 실축을 하는 경우가 많다. 실수를 용납되지 않는 상황이기 때문에 더욱 실수가 많은 것이다.

　자녀의 시험지를 보고 "이렇게 쉬운 것도 몰라? 이런 걸 틀리다니……" 하고 다그치는 부모들이 참 많다. 어떤 부모는 학습지를 풀고 있는 자녀 옆에서 매의 눈을 하고 틀리는지 안 틀리는지 지켜보기도 한다. 그러나 다그치면 다그칠수록 자녀는 주눅이 들고, 그만큼 배움의 과정이 힘겨워진다. 월드컵 선수처럼 말이다.

　"이걸 몰라? 글자가 틀렸잖아. 띄어쓰기가 엉망이야."

　엄마의 앙칼진 목소리는 아이의 자존감을 무너뜨리고 글씨 쓰는 재미를 앗아간다. 어린 시절 썼던 그림일기장을 꺼내 본 적이 있다. 그때는 무척 재미나게 썼는데, 지금 와서 보니 맞춤법이 엉망이었다. 그런데 감사하게도 어머니의 첨삭 표시가 전혀 없었다. 덕분에 자신감 있게 글을 쓰다 보니 자라면서 글짓기 대회에 나가 상도 꽤 받았고, 이렇게 내 이름으로 책을 쓰는 용기까지 낼 수 있었다.

자녀가 백 점을 받아 오면 당연히 기분 좋고, 맞춤법을 정확하게 쓰는 것을 보면 부모로서 기쁘고 자랑스러울 것이다. 그러나 그것이 전부가 아니다. 부모의 만족이 전부가 아니라는 뜻이다. 부모가 성적을 가지고 평가를 하면 자녀는 자신감을 잃기 쉽고, 결국 자녀와의 관계가 소원해질 수 있다. 대개 성적을 강조하는 부모들은 과목별로 꼬치꼬치 간섭하고, 사사건건 혼을 내기가 일쑤다. 유명한 엄친아의 이름을 들먹이며 자녀의 기를 죽인다.

성적이 나쁠 때는 혼내지 않고, 점수를 잘 받아왔을 때 칭찬한다고 하는 부모들도 있다. 칭찬은 고래도 춤추게 한다는 말을 인용하면서……. 그러나 그것도 바람직한 것은 아니다. 왜냐하면 점수를 나쁘게 받았을 때 침묵이라는 부모의 반응이 자녀에게는 체벌만큼이나 공포스러운 경험이 되기 때문이다.

노마드대디는 자녀의 성적에 일희일비하지 않는다. 성적과 상관없이 자녀를 믿어 주고 사랑하는 모습을 잃지 말아야 한다. 성적에 고민이 있을 때 부모에게 상담할 수 있는 관계를 유지하는 것이 중요하다. 실수를 두려워하지 않아야 공부가 즐거워지고, 자신감이 생길수록 실수가 줄어든다. 또한, 백 점에 대한 스트레스가 없어야 어려운 과목에도 과감하게 도전할 용기를 낼 수 있다.

공부에 대한 자신감을 잃지 않고, 긍정적이고, 도전적인 정신을 유지할 수 있다면 자녀는 어느 순간 잠재력을 발휘할 날이 반드시 온다. 따라서 남들보다 출발이 조금 늦더라도 충분히 따라잡을 수 있게 된다. 성적이 내내 좋지 않을 수도 있다. 그러나 성적이 인생 전부는 아니지 않은가. 자녀가 긍정적이고 도전적인 성격을 잃지 않는다면 공부가 아닌 다른 분야에서 재능을 충분히 발휘할 수 있다. 그러니 자녀에게 이렇게 말해 주는 것이 좋다.

"시험문제 몇 개 틀리는 것 따위는 신경 쓰지 마. 네 점수보다 네가 더 소중해."

자녀가 전 과목 백 점을 받았다고 자랑하는 경우가 있다. 그러나 과연 축하할 일인가?

모든 분야에서 탁월한 사람은 없다. 그런데도 많은 부모들이 자녀에게 모든 분야에서 뛰어나기를, 즉 평균 백 점을 받아 오기를 기대한다. 그러나 중요한 것은 백 점이 다 같은 백 점이 아니라는 것이다. 한 반에서 백 점이 여러 명 나왔다면, 같은 백 점이라도 평범한 백 점과 탁월한 백 점이 있는 법이다. 평균 백 점을 받기 위해 골고루 열심히 하다 보면, 특정한 분야에서 탁월한 백 점을 받을 수 있는 기회를 놓치는 우를 범할 수 있다. 평균 백 점을 강조하는 부모는 자녀가 한 과목에 지나치게 열중하지 못하게 한다. 그러다 다른 과목의 성적이 떨어질 것이 염려되기 때문이다.

김연아 선수가 모든 과목에서 백 점을 맞았을까? 아니다. 피겨스케이팅 분야에서 탁월한 백 점을 받았던 것이다. 평균 백 점을 추구하다가 자신이 어느 분야에 재능이 있는지를 발견하지 못할 수 있다. 이것이 평균 백 점의 함정이다. 노마드의 세계는 다양한 재능이 인정받고 높이 평가받는 세계다.

모든 면에서 완벽함을 이루기 위해 달리는 사람, 또는 그것을 요구하는 부모를 가진 학생들은 지나친 스트레스로 자신의 행복과 건강을 소모하는 결과를 낳게 된다. 승부욕만으로 모든 것이 해결되지 않는다. 어려운 과업을 향해 과감히 도전하는 용기가 필요하지만, 때로는 원치 않는 실패를 여유 있게 받아들이고 경우에 따라 포기할 줄도 아는 배포가 필요하다.

우리나라에 아직 노벨 과학상 수상자가 없다며 한탄하는 사람들이 있다. 교육시스템의 문제도 있겠지만, 평균 백 점을 위해 특정 과목을 깊이 파고들지 못하게 만드는 교육 문화에 문제가 많다고 생각한다. 평범한 평균 백 점으로는 노벨상을 꿈꿀 수 없다. 평균 백 점을 충분히 받을 수 있는 수준임에도 불구하고 한 가지 과목을 더 깊이 파고들고 열심히 공부한 사람만이 그 과목에서 탁월함을 보일 수 있다. 노벨상은 이런 탁월한 사람에게서 기대할 수 있다.

세계라는 들판에는 일자리를 찾아 여기저기 이동하는 사람들이 많다. 평범한 백 점이 일자리를 구하기는 갈수록 더 힘들어지는 세상이다. 노마드 시대에는 명문 대학 출신이 성공의 보증수표가 되지 못한다. 회사를 몇 번 옮겨 다니다 보면 사회적 평판이 중요하지 어느 학교 출신인지 학점이 얼마였는지는 전혀 중요하지 않다. 노마드 시대는 평균 점수가 좀 낮아 좋은 대학을 가지 못하더라도 탁월한 백 점을 가진 사람을 찾고 있다. 자신만의 탁월한 분야가 없는 명문 대학 출신들이 취업에 성공하지 못하는 경우를 흔히 볼 수 있다.

스스로 즐겨야
진짜 실력이 된다

정주민 시대의 시험에는 문제가 있고 문제에 대한 정답이 있다. 그래서 열심히 외우고 열심히 문제를 풀면 높은 점수를 얻을 수 있다. 평균 백 점을 받기 위해 노력하느라 건강을 해치기도 한다. 높은 점수를 얻기 위해 부정행위마저 서슴지 않는다. 사교육 때문에 경제적으로 어려움을 겪기도 한다.

점수가 목표이다 보니 자녀가 수행평가를 할 때 부모가 대신해 주는 경우가 허다하고, 학원에서 과제물을 대신해 주기도 한다. 기가 막힌 일이다. 유명 인사들이 논문을 표절하거나 대필을 시켰다는 기사가 나오면 눈에 쌍심지를 켜고 흥분하면서 정작 자기 자녀에게는 그러한 편법 아니 탈법을 가르치고 강요하기까지 한다. 이것은 옳지 않다.

엄마가 해 준 숙제를 들고 선생님 앞에 제출할 때 선생님이 "네가 했니? 참 잘했구나" 하실 때 그렇다고 거짓말하게 만드는 부모가 논문을 표절한 교수보다 질적으로 더 나쁘다. 범죄를 저지른 사람만 나쁜 게 아니다. 교사자가 더 나쁠 수 있다. 더욱이 어린 자녀에게 거짓말을 가르치는 부모는 정말 나쁘다.

거짓말은 한 사람의 문제가 아니다. 거짓말하는 학생들 때문에 진짜 재능이 있는 학생들의 재능이 제대로 펼쳐지지 못한다면 이깃은 선행학습과 마찬가지로 사회적으로도 큰 손실을 가져다준다. 개인의 불행일 뿐 아니라 사회와 국가와 불행인 것이다. 이 모두가 결과를 중시하는 사회에서 볼 수 있는 문제들이다.

자녀가 싫어하는 수행평가라면 차라리 하지 않도록 하거나 점수에 연연하지 않게 하는 것이 옳다. 오로지 평균 점수를 높이기 위해 좋아하지도 않는 것에 시간을 투자하고 심지어는 부정까지 저지르게 하는 것은 자녀의 미래에 나쁜 영향을 줄 뿐이다.

노마드 시대에는 점수보다 실제로 얼마나 좋아하고 잘하는가가 더 중요하다. 음악 과목에서 백 점 받는 사람보다 사람들 앞에서 노래 부르기를 좋아하는 사람이, 체육 시험은 못 치더라도 운동을 좋아하는 사람이 노마드 시대에 환영받는 사람들이다. 자기소개서를 제대로 못 썼더라도 일을 잘하는 사람이 직장에서 환영받는 것과 같은 맥락이다.

인간 수명은 길어지는데, 세상은 나날이 급변하고 있다. 명문 대학 졸업장이 성공을 보장하던 시대는 이미 지나갔다. 이제는 배우는 과정을 즐거워하지 않으면 살아남기가 힘들다. 억지로 만들어진 성적과 평판은 노마드의 세계에서는 벌거숭이처럼 노출되게 마련이다. 과정을 즐기고, 좋아하지 않는 한평생 자신과 조화를 이루지 못하고 어색한 채 힘들게 살 수밖에 없다.

살다 보면 시험에 실패할 수도 있다. 그러나 노마드대디는 자녀가 결과에 연연하지 않고, 실패를 두려워하지 않은 채 과정을 즐길 수 있도록 격려하고 가르친다. 결과와 상관없이 전폭적인 신뢰와 지지를 보여 줄 때 가능한 일이다.

노마드의 삶을 위해 배워야 할 과목을 사전에 정할 수는 없다. 필요한 언어가 달라질 수 있고, 해야 할 일이 수시로 변할 수 있기 때문에 정주민 시대처럼 가정, 학교, 학원에서 정해진 교재로 공부하기란 쉽지 않다. 실제로 변화하는 사회는 애써 취득한 졸업장과 자격증을 무용지물로 만들어 버린다. 필요할 때 스스로 찾고, 스스로 공부하는 것이 중요하다. 그래서 노마드대디는 자녀가 스스로 공부 계획을 세우고 스스로 지켜나갈 수 있도록 지도한다.

나는 자녀들이 중학교에 입학하면서부터 각자 스스로 공부 계획을 세우도록 가르쳤다. 특히 중간고사나 기말고사를 보기 전에는 공부계획표를 반드시 만들게 했다. 스스로 만들되 필요한 부분은 상의하여 수정하도록 지도해 주었다. 계획표를 만들 때 고려해야 할 사항은 다음과 같이 설명했다.

    1. 계획을 구체적으로 적을 것.

    2. 공부 분량은 현실적으로 할 수 있는 만큼 잡을 것.

    3. 휴일이나 가족 행사 등 다른 일정을 고려해서 짤 것.

    4. 암기 과목과 이해하는 과목을 고려할 것.

    5. 충분히 이해한 다음에 암기할 것.

    6. 반복 암기를 하되 중요한 것부터 먼저 외울 것.

공부계획표를 만든 다음에는 따로 점검하지 않았다. 계획을 지키는 것은 자신의 몫이기 때문이다. 아이가 공부를 하는지 안 하는지 감시하느라 늦게까지 지키고 있었던 적도 없다. 공부한 내용을 검사조차 하지 않았다. 대신에 시험이 끝나고 나면 아이들과 함께 공부한 과정과 시험 결과를 놓고 대화하며, 어떤 점이 잘못되었는가에 관해 이야기를 나눴다. 그러면 아이들은 자신의 계획과 이행 과정의 문제점을 깨닫고, 스스로 문제를 고쳐 나가곤 했다.

부모가 눈에 불을 켜고 지키고 있으면 당장은 열심히 할지 몰라도 자기 실력이 되지 못한다. 스스로 공부하는 법을 체득하지 못하면 오래 공부할 수가 없기 때문이다. 공부하는 방법을 스스로 터득하고, 결과에 대해 책임을 지도록 하는 것이 노마드대디의 교육법이다.

책을 벗어나면
더 많은 것을 배운다

노마드 시대에 필요한 지식은 책보다
는 현장에 있다. 말 타는 법에 대한 책을 여러 번 읽는 것보다 실제로 말을 타
보는 것이 더 중요한 것과 같은 이치다. 마케팅에 대한 명강의를 듣는 것보다
현장에서 체험하는 것이 훨씬 중요하다. 어떤 분야의 일이든지 체계적인 이론
의 뒷받침이 필요한 법이지만 중요한 것은 현장에서 체험되고 경험을 통해 터
득하게 된다. 그럼으로써 지식이 현장에서 체화되어야 한다. 마치 자전거 타는
기술이 대뇌에 기억되는 것이 아니라 몸에, 즉 소뇌에 기억되는 것처럼 말이
다.

정주민 시대에는 책으로 정리된 명시지明示知가 중요했다. 그러나 노마드
시대에는 몸으로, 경험으로 체득해야 하는 암묵지暗默知가 중요하다. 암묵이란
학습과 경험을 통하여 개인에게 체화體化되어 있지만, 겉으로 드러나지 않는지

식을 말한다. 따라서 노마드대디는 현장과 전문가의 중요성을 깊이 인식하고 있다.

자녀교육에 있어서 환경이 미치는 영향이 얼마나 큰가를 보여 주는 예로 흔히 '맹모삼천지교 孟母三遷之敎'를 꼽는다.

맹자가 어머니와 처음 살았던 곳은 공동묘지 근처였다. 늘 보는 게 장사 치르는 것이라 어린 맹자는 곡을 하며 장사 지내는 놀이를 하곤 했다. 이 광경을 본 맹자의 어머니가 안 되겠다 싶어서 이사를 했는데 하필 시장 근처였다. 그랬더니 이번에는 시장에서 물건을 사고파는 장사꾼의 흉내를 내면서 노는 것이었다. 맹자의 어머니는 이곳도 아이와 함께 살 곳이 아니구나 하여 이번에는 글방 근처로 이사했다. 그랬더니 맹자가 제사 때 쓰는 기구를 늘어놓고 절하고 물러나는 등 예법에 관한 놀이를 하는 것이었다. 마침내 그곳에 머물러 살았다는 이야기다.

그러나 노마드 시대에는 맹모의 선택이 바람직하다고는 할 수 없다. 시장에서 배울 것이 얼마나 많은가. 교실보다 교과서보다, 박물관, 미술관, 음악관, 동물원, 식물원, 과학관, 각종 전시회장 등 현장에서 더 많은 것들을 배울 수 있다.

대개의 부모는 자녀가 의자에 엉덩이를 붙이고 책상 앞에 앉아 꼼짝 않고 공부에 전념하기를 원한다. 외워야 할 내용들을 꼼꼼하게 정리하고, 다양한 색

깔로 표시하고, 포스트잇에 추가 정보를 써 넣은 뒤 책과 노트에 덕지덕지 붙여 놓으면 안심한다. 실제로 그런 너덜너덜한 책과 노트가 공신, 즉 공부의 신들의 것으로 TV에서 소개되기도 했다. 그렇게 암기한 지식이 좋은 성적을 가져다줄 수는 있다. 그러나 실제 현장에서는 쓸모없을 때가 많다.

몸으로 부딪히며 배우기 위해서는 일단 배움을 즐길 줄 알아야 한다. 억지로 하는 공부는 오래가지 못한다. 독서를 좋아하지 않으면서 수행 평가를 위해 억지로 책을 읽거나, 자연을 사랑하지도 않으면서 생물 과목이나 지구과학을 암기하는 것은 고통이다. 결과에 대한 평가를 의식하지 않고, 배움 자체를 좋아하고 그 과정을 즐길 줄 알아야 한다.

노마드대디는 자녀에게 공부의 목적을 묻고 고민하게 만든다. 동기부여가 필요하다는 뜻이다. 공부하는 이유가 자신의 성공을 위한 것이기보다는 남을 배려하고, 돕기 위한 것이라면 그 동기가 더욱 강화된다.

댄 세노르Dan Senor와 사울 싱어Saul Singer가 쓴 《창업국가》에 보면 유태인들이 사업을 하는 핵심 목표는 '지구상의 흩어져 있는 유태인들에게 안전한 장소를 제공하는 것'이라고 한다. 그 목표에 따라 위험에 처해 있는 유태인들에게 필요한 기술을 끊임없이 개발해 내는 이스라엘이 모든 면에서 탁월할 수밖에 없다. 그에 비해 우리나라는 어떠한가. 야심 차게 시작했던 벤처기업이 코스닥에 상장되는 순간 비싼 값에 기업을 팔기에 바쁘지 않았던가. 기업의 핵심 목표가 돈을 버는 데 있었기 때문이다.

물론 책과 인터넷을 통한 공부도 필요하다. 쉽게 경험할 수 없는 분야의 경우 자료를 보고 공부하는 것이 불가피할 수도 있다. 이때도 공부 자체에 관심이 있고, 대상에 대한 호기심과 애정이 있다면 더욱 큰 효과를 볼 수 있을 것이다.

성적보다 건강과 행복이 중요하다

자녀에게 중요한 것이 첫째도 건강, 둘째도 건강, 셋째도 건강이라고 말하면서 실제로는 공부하라고 몰아붙이느라 건강을 돌보지 못하는 경우가 많다. 노마드에게 건강은 생존을 위해 필수적인 조건이다. 칭기즈칸은 글씨를 읽을 줄 몰랐다고 한다. 그럼에도 불구하고 불굴의 의지와 강한 체력으로 몽골제국을 이루었다.

시험 기간이 다가오면 운동을 일체 금지시키는 부모가 많다. 학생 스스로도 운동을 삼간다. 결국 공부를 위해 건강을 희생하는 셈인데 실로 소탐대실

小貪大失이 아닐 수 없다. 야외에서 햇볕을 쬐며 땀을 흘리며 운동하면 기분이 상쾌해져서 오히려 공부에 도움이 된다. 운동으로 빼앗긴 시간을 상쇄하고도 남을 정도로 긍정적인 영향을 미친다.

그뿐만 아니라 자녀는 부모가 성적보다 자신의 건강을 더 소중하게 생각한다는 것을 깨닫고 고마워할 것이다. 자녀가 부모에 대해 느끼는 불만 중 대부분은 오로지 성적만 강조하는 성적지상주의에서 기인한다.

이따금 우리 아이는 시험 보기 한 달 전부터 공부만 한다고 은근히 자랑하는 부모를 보게 된다. 그것은 결코 자랑이 아니다. 아이가 공부에 대한 부담으로 운동을 하지 않는다면, 부담에서 벗어나도록 지지해 줘야 하고 운동을 할 수 있도록 격려해야 마땅하다. 운동을 싫어한다면 억지로라도 움직일 수 있도록 자극해야 한다. 뭣보다 건강이 최고라고 하지 않았던가.

평소에 건강상 별문제 없이 잘 지내던 학생도 고3이 되면 체력 저하로 공부에 어려움을 겪는 경우가 많다. 그동안 타의든 자의든 자기 몸을 돌보지 않고 공부만 해오다가 스트레스 상황이 되니 문제가 터지는 것이다. 결승점을 코앞에 두고 탈진해서 경주를 포기하는 것만큼 안타깝고 또 어리석은 일이 어디 있을까.

운동을 할 때는 단체 운동을 하는 것이 좋다. 많은 사람들과 함께 운동할 때는 상대 팀뿐 아니라 자기 팀 선수들의 움직임과 생각을 읽으면서 동시에 경기의 전체 흐름까지 읽어야 한다. 이러한 과정이 동시에 일어나기 때문에 공부할 때보다 두뇌가 훨씬 많은 일을 하게 되니 머리가 좋아지게 된다. 또한, 팀 내에서 자신에게 맡겨진 역할을 수행하는 훈련을 통해 책임감을 기를 수 있고, 친구들과 친밀감을 쌓을 수 있다. 책임감과 친밀감은 노마드에게 매우 유용한 자질이다.

자녀가 공부해야 하니 시간이 없다고 해도 아빠가 성적이 떨어져도 상관없으니 운동하러 가자고 먼저 나서야 한다. 자녀가 공부하기 싫어 죽겠는데 부모가 공부하라고 성화를 내는 집보다 아빠가 되레 공부를 방해하는 듯하고 아이가 공부를 하겠다고 우기는 집의 풍경이 더 멋지지 않은가.

자녀가 초등학교 고학년이 되면 대부분 가정은 절간처럼 도서관처럼 조용한 곳이 되고 만다. 자녀의 공부 때문에 숨소리도 제대로 못 내는 것이다. 아빠가 퇴근해도, 아이가 학교에서 돌아와도 가족 간에 대화를 나눌 수 없다. 가족 모두 적막강산 같은 집에 들어가기가 꺼려지는 상황까지 온다.

그런 식으로 자녀가 대학에 입학할 때까지 몇 년 동안 대화가 단절된 상태로 지낸다면 가족의 화합이 어떻게 될 것 같은가. 자녀가 대학에 성공적으로 진학한다면 그 후에는 예전의 화목함을 회복할 수 있을까? 공부 시간이 끝났으니 이제부터 다시 모여 대화하자고 한들 가족이 한자리에 모일 수 있을까.

면학 분위기만 생각하다가 자칫하면 아예 가정을 잃을 수가 있다. 수험생을 위해 가정을 포기하는 것이 과연 옳을까? 절대 그럴 수는 없다. 가정은 성장기에 있는 자녀들이 마음껏 웃고, 가족 간에 시끌벅적 대화를 나눌 수 있는 곳이어야 한다. 친척들이 찾아오고, 친구들이 방문하는 열린 공간이어야 한다. 가정은 언제나 위로받을 수 있고, 편안함을 제공받을 수 있는 공간이어야 한다.

집은 집이지 독서실이 아니다. 실제로 나는 아이들이 중학교에 입학할 무렵부터 공부하고 싶을 때는 독서실을 이용하도록 권했다. 독서실에 갈 때 가급적 휴대전화를 가져가지 못하게 했으나 동화책이나 만화책은 가져갈 수 있도록 했다. 공부하다가 효율이 떨어질 때 전환용으로 읽으면 도움이 되기 때문이다.

독서실에서 공부하는 것이 누구에게나 효율적인 것은 아니다. 개인적으로 공부할 수 있는 공간이 잘 구비된 곳이면 학교든 공공도서관이든 상관없다. 대개 소음이 차단된 공간에서 책을 보면 집중이 쉽기 때문에 공부가 더 잘된다. 환경이 아무리 좋아도 얼마나 집중을 잘하는가는 개인의 의지에 따라서 크게 차이가 난다. 독서실에서 잠을 잘 수도 있고, 가끔 나와서 딴짓을 할 수도 있지만 적어도 다른 가족을 불편하게 하는 일은 없고, 가족 때문에 공부의 흐름이 끊긴다는 불만도 없앨 수 있다.

아이가 집에서 공부할 때도 특별히 배려하지 않았다. 굳이 목소리를 낮추어 조용한 분위기를 만들지 않았고, TV 소리조차 줄이지 않았다. 재밌는 코미디 프로그램이 시작되면 아이들을 불러서 함께 봤다. 혼내야 할 때는 시험 기간이라도 예외 없이 혼냈다. 아이가 공부한다고 해서 부모가 늦게까지 기다리며 수발들지도 않았다. 독서실에서 늦게까지 공부하고 돌아오면 가족들은 이미 잠자리에 들었고, 아이 스스로 간식을 찾아 허기를 달래곤 했다.

수험생에게는 학창시절이 내내 스트레스가 많이 쌓이고 육체적으로든 정신적으로든 힘든 시기일 수밖에 없다. 가족의 배려가 필요한 시기이기도 하다. 그러나 지나친 배려와 관심이 오히려 부담스럽게 만들 수 있다. 자신만의 공부 방법으로 스스로 공부할 수 있도록 지원하는 것이 부모가 할 역할의 전부라고 해도 과언이 아니다.

노마드대디는 자녀의 성적에

일희일비하지 않는다.

성적과 상관없이 자녀를 믿어 주고

사랑하는 모습을 잃지 말아야 한다.

실수를 두려워하지 않아야 공부가 즐거워지고,

자신감이 생길수록 실수가 줄어든다.

5

감사하는 마음이
오래 달리게 한다

초등학교 3학년 때
주일학교 선생님 중에 소아마비를 앓아 몸이 불편하
신 분이 계셨다. 선생님은 성경 공부를 시작할 때면
먼저 준비해 온 기도문을 꺼내 한 문장씩 따라 읽게
하셨다.

> "하나님, 좋은 날을 주셔서 감사합니다.
>
> 하나님, 우리를 대한민국에 태어나게 해 주셔서 감사합니다.
>
> 하나님, 건강한 몸을 주셔서 감사합니다.
>
> 하나님, 길가에 예쁜 꽃을 주셔서 감사합니다.
>
> 하나님, 아름다운 교회를 주셔서 감사합니다.
>
> 하나님, 학교에 다니게 해 주셔서 감사합니다.

......

하나님, 감사할 수 있게 해 주셔서 감사합니다.

예수님 이름으로 기도드립니다. 아멘"

선생님의 기도문은 언제나 처음부터 끝까지 감사로 가득 차 있었다. 감사 기도를 드리시던 선생님의 표정이 잊히지 않는다. 어린 나에게도 뭉클한 감동이 있었다.

감사의 마음을 가르치는 것이야말로 자녀의 삶을 풍요롭게 할 뿐 아니라 매사 긍정적인 자세를 가질 수 있게 해 준다. 노마드대디는 자녀에게 세상에 감사할 거리가 얼마나 많은지 잊지 않도록 가르친다.

나의 존재 자체가
감사다

감사는 자기 존재에 대한 감사에서부터 시작해야 한다. 존재에 대한 감사는 출생을 감사하는 것일 것이다. 스스로를 헬조선 • 에 내팽개쳐진 인생이라고 생각하는 사람의 삶이 행복할 수 없다. 자신의 출생을 저주스럽게 여기는 사람이 삶을 감사하기란 쉽지 않다.

자신의 출생이 우연에 의한 것이라고 생각하거나, 부모의 실수나 불장난 때문에 어쩔 수 없이 태어난 존재라고 생각한다면 삶이 불행해질 수밖에 없다. 그런 생각을 하는 한 자신의 삶에 대해 긍정적일 수 없을 것이다.

노마드대디는 자녀에게 출생이란 가장 기쁘고 복된 순간임을 가르친다. 특별히 종교를 갖고 있지 않더라도 자녀에게 출생에 의미가 있고, 가치 있는 삶을 살기에 충분한 자격이 있는 아름다운 존재라는 사실을 가르치는 것은 매우 중요하다. 출생에 대한 감사가 인생 전반을 긍정적으로 볼 것인지 부정적으로 볼 것인지 영향을 미치기 때문이다.

자녀가 태어났을 때의 흔적들을 잘 보관하고, 당시 사진이나 영상을 남겨 기념하게 하는 것이 좋다. 자기 출생에 대해 궁금해하는 자녀에게 그 순간이 가족에게 얼마나 큰 기쁨이 되었는지 설명해 주는 것도 도움이 된다. 매년 생

• 희망이 없는 지옥 같은 한국이라는 뜻의 인터넷 신조어

일 때마다 크게 축하해 주는 것은 자녀의 자존감을 세워 주고, 삶에 감사하는 자세를 갖게 하는 데에 좋은 영향을 끼친다.

사실 누구나 태어날 때 다 환영을 받는 것은 아니다. 원치 않는 상황에서 임신이 되어 태어나는 경우도 있고, 가정에 큰 불행이 있을 때 태어날 수도 있다. 그러나 그럼에도 불구하고 생명은 존재 자체만으로도 축복받고 사랑받기에 충분하다는 사실을 잊지 않아야 한다. 노마드대디는 생명의 존엄성을 잊지 않는다.

칭기즈칸의 첫째 아들은 납치당했던 부인이 적군에 의해 임신되어 태어난 아이였다. 그러나 그는 자신의 아들로 받아들였고, 후일 러시아 지역을 다스리는 칸으로 임명했다. 피가 섞이지 않은 아이라도 친자식처럼 키우고 큰 임무를 맡긴 그의 배포가 멋지다.

자기 자신에게서 마음에 들지 않는 부분이 있다면 개선하려고 노력하면 된다. 열심히 노력하여 바꿀 수 있는 것이라면 바꾸는 것도 나쁘지 않다. 다이어트를 해서 체중을 조절할 수도 있고, 경우에 따라서는 성형을 해서 외모에 자신감을 가질 수도 있다. 열심히 공부하여 지식을 더하거나, 열심히 노력하여 가난에서 탈피하는 것은 도전할 만한 일이다. 그러나 출생과 같이 사람의 힘으로는 어찌할 수 없는 일은 있는 그대로를 감사하는 마음으로 수용하는 것이 옳다. 아빠와 엄마의 자녀로 태어난 것을, 대한민국의 국민으로 태어난 것을 후

회한들 소용없다. 바꾸지 못할 일에 대해 혐오하거나 자학할 필요는 없다.

대부분 종교는 출생의 과정이 어떠하건 생명은 위대한 섭리에 의한 숭고한 것이라고 말한다. 하늘의 뜻에 의한 태어난 존귀한 존재라는 것이다. 그렇게 믿어서 나쁠 것이 없지 않은가.

〈당신은 사랑받기 위해 태어난 사람〉이라는 노래가 있다. 교회에서 부르기 시작한 노래라 성경 내용을 바탕으로 한 것 같지만 사실 성경과는 다른 내용의 가사다. 어느 날 어떤 사람이 예수님께 가장 중요한 계명이 무엇이냐고 물었다. 예수님이 이렇게 대답했다.

> "네 마음을 다하고 목숨을 다하고 뜻을 다하고 힘을 다하여 주 너의 하나님을 사랑하라 하신 것이요 둘째는 이것이니 네 이웃을 네 자신과 같이 사랑하라"(마가복음 12:30~31).

즉 성경에서 말하는 것은 당신은 '사랑받기 위해 태어난 사람'이 아니라 '사랑하기 위해 태어난 사람'이라는 것이다.

사랑받기 위해 태어난 사람이 행복할까 아니면 사랑하기 위해 태어난 사람이 행복할까? 사랑받기 위해 사는 사람이 성공할까 아니면 사랑하기 위해 사는 사람이 성공할까?

오늘날 우리 사회에는 사랑에 굶주린 사람들이 가득하다. 모두가 더 큰 배려를 원하고, 더 큰 사랑을 요구한다. 설혹 내게 많은 배려가 주어졌더라도 주위에 나보다 더 큰 혜택을 받는 사람이 있으면 상대적으로 나는 불행해지고, 그와 같은 수준의 혜택을 달라고 목청을 높인다. 원하는 만큼의 사랑이 충족되지 못한다고 느끼는 사람이라면 이 노래를 들으며 자신이 마땅히 받아야 할 사랑을 주지 못하는 사회가 불만스럽게 느껴질 수밖에 없을 것이다.

많은 사람들이 천사 같은 미소를 지으며, 자신을 향하여 불러 주는 이 노래에 잠시 행복할지 모르지만, 대부분 시간은 외로움에 좌절하고 사랑받지 못함에 힘들어한다. 사랑에 굶주린 사람들, 앞으로도 상황이 개선될 기미가 보이지 않는 사람들은 자신의 출생에 비관하며 스스로 극단적인 선택을 하기도 한다.

스스로를 사랑받는 존재가 아니라 사랑하는 주체로서 생각한다면 어떨까? 언제나 감사와 기쁨이 넘쳐 날 것이다. 상황이 아무리 어렵더라도 내가 사랑해야 할 대상이 어디에 있을까 하며 주위를 돌아볼 수 있는 사람은 행복한 사람이다. 시각장애인이 지체장애인을 돕고, 가난한 사람이 연로한 사람을 돕고, 가족을 잃은 사람이 천붕天崩의 슬픔을 당한 또 다른 사람을 위로할 수 있는 사회는 건강하고 기쁨이 넘쳐나는 곳이 된다.

정주민 사회는 가난과 부요가, 천함과 귀함이 빈번하게 바뀌지 않는다. 그러나 노마드 사회에는 상대적으로 부침이 잦을 수밖에 없다. 만일 세계 경제가 지속적으로 위축된다면 그러한 부침은 점차 어려운 쪽으로 향할 가능성이 크고, 도움을 줄 수 있는 사람보다 도움을 기다리는 사람들이 더 많아지게 될 것이다. 결국 도움을 기다리는 사람에게는 점점 더 어려운 시기가 된다는 뜻이다.

그러나 사랑하기 위해 태어났다고 믿는 사람은 어려움에 처하더라도 자신의 처지를 한탄하는 대신 주위에 있는 어려움에 처한 사람들을 찾고, 그들을 돕기 위해 삶의 에너지를 끌어낸다. 힘든 상황이 오더라도 좌절하지 않고, 무소의 뿔처럼 굳건히 일어선다. 감사의 힘이 있기 때문이다.

소황제로 불리는 중국의 외동아들의 문제도 심각하지만, 우리나라 부모들의 절제 없는 베풂에 익숙해진 청소년들의 감사할 줄 모르는 자세도 문제다. 감사할 줄 모르는 인생은 불행하다. 작은 일에도 땡큐를 연발하는 미국인들이나 아리가또가 입에 배어 있는 일본인들이 우리에게는 부자연스럽게 보일 수도 있다. 그러나 서로에게 감사를 표현하는 자세야말로 사회를 아름답고 행복하게 하는 원동력이 된다.

감사의 마음이 거저 생겨나는 것은 아니다. '부모는 자녀를 위해 마땅히 희생해야 하고, 국가는 국민을 위해 모든 것을 제공해 주어야만 한다. 그리고 어른은 미래의 일꾼인 어린이에게 최고의 환경을 제공해 주어야 마땅하다'고 생각한다면, 그에게 주어지는 어떠한 배려도 감사의 이유가 되지 못할 것이다. 부모의 배려가, 국가의 돌봄이, 자녀의 효도가, 국민의 수고가 감사의 이유가 되는 가정과 사회라면 모두가 행복해질 수 있다.

자연을 감사하는 사람은
행복한 사람

앞에서 자연이 주는 위로가 얼마나 큰지에 대해 이야기한 바 있다. 자연은 그냥 바라보는 대상이 아니라 감사의 매개체가 되어야 한다.

봄이 되어 새싹이 돋아나고 꽃이 피며 겨우내 사라졌던 벌과 나비들이 나타나는 것을 보면 큰 행복을 느낀다. 여름이 되면 또 여름에 맞는 강렬한 빛깔의 꽃들이 우리를 유혹한다. 뜨거운 햇볕과 함께 짙어 가는 녹음에, 그리고 쉴 새 없이 울어 대는 매미들의 합창에 감동을 한다. 가을이 되어 더할 나위 없이 아름다운 하늘과 나무와 풀에, 탐스럽게 익은 과일들과 씨앗들에, 얼마 남지 않은 온기를 아쉬워하는 잠자리 떼에 마음을 빼앗기곤 한다. 겨울에는 함박눈의 향연과 모든 것을 날려 버릴 듯한 차가운 겨울바람과 꽁꽁 언 얼음과 추위에 굴하지 않는 자연의 의지와 하늘에 우뚝 솟은 오리온자리에 감탄한다.

반대의 경우도 있다. 봄에 나타나는 곤충이 싫고, 꽃가루가 싫으며, 여름철의 무더위와 시끄러운 매미 소리, 파리나 모기의 준동이 싫다면, 가을의 낙엽 떨어짐이 보기 싫고, 겨울의 추위가 싫다면 그 사람에게는 사시사철이 불행처럼 느껴질 것이다.

이처럼 자연이 나 자신을 위해 존재함을 알고 감사할 줄 알면 사계절 내내 아름다움을 느낄 수 있으나 반대로 자연을 싫어하는 사람은 매사 짜증스러울 수밖에 없다. 천지 만물에 일어나는 변화무쌍하면서도 질서가 있고, 웅장하면서도 섬세하며, 화려하면서도 소박한, 휘황하면서도 세밀한 멋진 면면이 모두 나를 향한 것이라고 믿는다면 얼마나 행복할까.

대부분 종교에서 자연을 인간에게 주신 신의 선물이라고 가르친다. 나는 아이들과 등산을 하다가 작은 꽃을 발견하면 이렇게 말하곤 했다.

"여기 잘 보이지도 않는 곳에 있는 예쁜 꽃이 피어구나. 이 꽃은 누가 만들었을까?"

"하나님이 만드셨어요."

"왜 만드셨을까?"

"나를 위해 만드셨어요."

자연을 보며, 그 자연이 자신을 향한 선물임을 기억하는 사람이라면 사시사철 감사할 수 있다. 때로 전혀 다른 곳으로 이동해야 하는 노마드의 삶이라 할지라도 다른 환경에서 주어질 자연이라는 선물에 대한 기대가 있을 수 있다. 이것은 실내에서만 있고, 책상머리나 지키고 사는 아이들은 전혀 알 수 없고 누릴 수도 없는 감동과 행복이다.

사람들이 왜 우울증에 빠지고, 왜 자살을 선택할까? 아무도 이해해 주는 이가 없고, 아무도 내 편이 되어 주지 않기 때문이 아닐까? 그러나 온 천하가 나를 위해 존재하고, 나를 위한 선물로 주어졌다고 믿는다면 우울증에 빠질 일이 없다. 야외에서 자연을 접하며 햇볕을 많이 쬐는 것이 우울증을 이기는 제일 좋은 방법이라고 알려졌다. 자연을 사랑하는 사람은 우울할 틈이 없다.

"신은 자연을 만들고, 사탄은 도시를 만들었다"는 말이 있다. 화려한 도시가 자연을 향한 사람들의 시선을 돌리게 하고, 자연에서 누리는 기쁨을 앗아가는 게 사실이다. 자기에게 주어진 선물을 감사하며, 여행할 때마다 새로운 지역으로 갈 때마다 그곳에 펼쳐져 있는 선물을 감동하며 살아가는 노마드만이 영원한 행복을 누릴 수 있다.

소명 의식이라는
엔진

꿈속에서 또는 꿈인지 생시인지 모르는 황홀한 상황에서 신의 계시를 받고, 국가를 만들고, 종교를 창시하고, 위대한 업적을 이루었다는 신화 같은 이야기들이 많다. 신화가 아니더라도 자신의 삶이 우연이 아니라 위대한 목적을 이루기 위해 준비된 것이라면 삶이 감사가 될 수 있다.

거처를 자주 옮기고, 직장을 옮겨 다니는 노마드의 삶은 자칫 방향이 없어 보이고, 목표도 없어 보인다. 노마드적 삶을 의미 있게 하는 것은 바로 소명 의식이다. 이유를 알 수 없는 방황에 대한 깨달음을 주는 것이 소명 의식이다.

소명이란 자신의 삶이 더욱 숭고한 뜻을 이루기 위한 것이라는 자각이다. 그러한 자각에서 비롯된 존재에 대한 감사다. 많은 사람의 축복 속에 태어난 생명임을 아는 것을 넘어 자신의 출생이 큰 뜻을 이루기 위한 것이라고 생각한다면 일상의 경험들이 모두 감사로 이어질 수 있다. 소명 의식은 내면을 단단하고 강하게 만들어 준다.

대개 소명은 시대의 필요에 의해 주어지는 경우가 많다. 눌린 자의 해방, 국가의 독립, 병든 자의 치유, 무지한 자의 계몽 등의 소명이 있었고, 위대한 예술 작품을 창작해야 한다는 소명, 풀리지 못한 수학과 과학의 난제들을 해결하고자 하는 열망, 전인미답前人未踏의 지역으로 탐험하고자 하는 열정, 오랫동안 깨지지 않은 기록을 경신하려는 노력 등, 이 모두가 시대적 소명이라고 할 수 있다.

소명 의식이 있는 사람은 외롭지 않다. 시대적 소명은 동시대를 살아가는 많은 사람들에게 함께 주어진 소명이기 때문에 오히려 큰 소속감을 준다. 서로 격려하고, 도움을 주며, 때로 선의의 경쟁을 하게도 된다. 지난한 싸움일지라도 소명을 이루어 나가는 것이 큰 기쁨이 된다.

종교적 소명 역시 개인에게 무책임하게 던져진 난폭한 명령이 아니라 그와 함께 높은 뜻을 이루어 나가자고 하는 신의 부르심이다. 즉 신에 의한 훈련 과정이 있고, 신을 통한 깨달음의 과정이 있다는 뜻이다. 또한, 신이 보내 준 사람들과 환경이 소명을 이루어 내는 동반자가 된다. 그러므로 힘들고 어려운 상황들은 소명을 이루어 내도록 나를 빚어내는 상황이며, 나에게 주어지는 이해하지 못할 상황들 또한 소명을 이루어 내기 위해 신이 제공한 환경이다. 이렇게 생각하면 모든 게 감사의 이유가 될 수 있다.

종교를 가지지 않는 사람은 종교인의 인내와 헌신을 이해하지 못한다. 종교인들은 다른 사람들이 동의할 수 없는 신의 소명을 가졌기 때문에 행복할 수 있고, 고난과 역경에도 감사할 수 있다. 종교를 믿고 안 믿고는 자유이지만 신을 믿고, 신에 의한 소명을 받아들이며 행복하게 살아가는 편이 낫다고 생각한다.

옛 노마드의 출정식에는 신에 대한 제사가 있었는데, 전쟁으로 초대하는 신의 부르심을 찬양하고, 그 부르심에 대한 헌신을 맹세하는 의식이 벌어졌다. 즉 전장으로 떠나는 전사들은 신의 소명을 받은 것이므로, 그 소명을 이루는 길에 신의 가호가 함께하기를 기원하는 것이다.

한국전쟁 이후 대한민국은 정말 열심히 달려왔다. 온 국민이 부유한 선진국을 바라보고, 그들의 삶을 동경하며 허리띠를 졸라매고 악착같이 살아왔다. 그 결과 전쟁의 폐허 속에서 우리는 오늘날 전 세계 10대 경제 강국에 드는 한강의 기적을 이루어 냈다.

한반도 전역에 높은 빌딩들이 세워졌고, 도로마다 자동차가 넘쳐 난다. 세계에서 교육열이 제일 높고 통신 속도도 역시 제일 높다. 세계에서 가장 뛰어난 의술로 국민의 생활 수준이 급격히 개선되었다.

그러나 국민의 삶의 만족도는 세계 최하위를 기록하고 있다. 자살률 1위, 이혼율 1위 등의 통계가 우리를 부끄럽게 한다. 경제적으로 풍요로운 나라가 되었지만 삶의 질은 이에 크게 못 미치고 있다. 이런 사실이 우리로 하여금 당황하게 만든다.

오래전에 이런 이야기를 들은 적이 있다. 전 세계 경제학자들이 이해하지 못하는 현상이 두 가지가 있는데, 자본주의 마인드가 가장 뛰어난 중국이 사회주의 국가라는 것이고, 다른 하나는 "사촌이 땅을 사면 배가 아파하는" 대한민국이 자본주의를 채택하고 있다는 것이라고 했다. 모두가 가난할 때는 잘 몰랐는데, 절대 빈곤의 문제가 해결되니 상대적인 격차가 생겨나면서 삶의 질의 차이가 급격히 벌어지게 된 것이다.

노마드대디는 자녀에게 감사의 마음을 가르친다. 자녀의 미래를 위한 투자이기도 하다. 무엇으로도 대체될 수 없을 만큼 큰 감사의 이유를 가질수록 행복이 더해진다. 감사의 이유가 현재의 풍요로움이라면 풍요가 사라질 때쯤 감사도 사라진다.

그러나 죽을 수밖에 없는 나를 위해 하나님의 외동아들인 예수님이 십자가에서 돌아가셨다는 믿음은 기독교인의 삶을 감사로 넘치게 하는 것이며, 인류를 구제하기 위해 고행하고 깨달음을 나누어 주었던 석가모니의 삶이나 종교 창시자의 자비로움은 종교인들에게 큰 감사의 이유를 주고 있다.

냉소적인 시각은
감사를 앗아간다

나는 소위 음모론이라는 것을 좋아하지 않는다. 국내외 굵직굵직한 사건들에는 반드시 음모론이 뒤따른다. 배후를 파헤쳐야 하는 직업을 가진 사람도 있지만 나는 대체로 사회에서 정설로 받아들이는 주장을 수용하는 편을 선택한다.

세상에 숨겨진 의도가 많이 있을 수 있다. 그러나 매사 음모론에 심취해 있는 사람은 대개 세상과 타인을 신뢰하지 못하고, 미래를 비관적으로 여기는 경향이 있다. 자신 역시 음모론의 피해자로 여기고 패배를 인정하지 않는 경우를 본다. 실패했더라도 툴툴 털고 새롭게 시작하는 것이 건강한 삶일 텐데 다른 사람을 비난하고 과거에 집착한다면 결코 바람직하다고 할 수 없을 것이다.

내가 하면 로맨스, 남이 하면 불륜이라는 말처럼 남의 잘못에 대해서는 죽어라고 비난하다가도 자기 잘못에 대해서는 궤변을 늘어놓으며 지나치게 관대한 모습을 보이는 경우가 있다. 자기주장을 관철시키기 위해 폭력까지도 미화하는 어른들의 모습을 보며 과연 아이들이 무엇을 배울까 걱정된다.

나는 사회에 이슈가 되는 사건들이 있을 때 아이들에게 전후 배경을 자세히 설명해 주고 다양한 관점에서 해석을 해 주곤 했다. 광우병 논란, 사대강 사업, 행정수도 이전, 원자력발전소 건립, FTA, 의료 분쟁, 무상 급식 등 이슈가 있을 때마다 인터넷에서 양측의 주장을 조사하고 이에 대해 아이들과 토론을 했다. 아이들은 자신의 생각을 주저 없이 말하며 논리적인 주장을 펼치곤 했다. 나는 아이들이 논거를 제시할 수 있도록 도와주었다.

노마드대디는 자녀에게 일방적으로 가르치지 않는다. 대신에 자신이 생각을 가지고 진지한 대화를 통해서 사고를 확장시켜 나아가고 결국 최선의 대안을 찾아 선택하도록 가르친다.

아이들이 어릴 때 투표장에 데려가곤 했다. 단순히 투표하는 장면을 보여주는 데서 한 걸음 더 나아가 내가 왜 그 후보를 지지하는지를 설명해 주었다. 그러한 과정을 통해 아이들은 사회 문제에 대한 주관적인 견해를 가지는 법을 배웠고, 자신의 판단이 투표를 통해 정치에 반영될 수 있다는 것을 알게 되었다. 민주주의 국가에서 주권은 국민, 즉 우리에게서 나온다는 사실을 직접적으로 가르친 것이다. 더불어 주권자는 선택에 따른 책임도 져야 한다는 사실을 설명해 주었다.

만일 아빠가 집에서 신문이나 TV를 보며 매일 사회에 대한 비판만 늘어놓고, 정부와 정치인들을 탓하는 모습을 보인다면, 자녀들은 사회에 대해 부정적인 견해를 가지게 될 것이다. 그들 역시 자신이 음모의 희생제물이 될지도 모른다는 불안감을 느끼게 될 확률이 높다. 음모로 가득 찬 세상에서 자신의 존재는 왜소하게 느껴지고, 미래를 위한 도전이 무의미하게 느껴질 수 있다. 그렇다면 누가 열심히 노력하고, 성공을 위해 나아가겠는가.

미래에 대한 긍정적인 견해를 가지고 최선을 다하는 사람이 때로 엎어지고 넘어지더라도 다시 일어서고 성공의 과실을 취할 가능성이 커진다. 단언하건대 비관론자에 의해 성취된 역사가 없다.

매사에 비판적인 부모를 둔 자녀는 장차 자신의 부모마저 비판의 대상으로 여기게 될 가능성이 크다. 매사에 남의 탓을 잘하는 부모를 비겁한 변명을 늘어놓는 사람으로 생각하게 될 수 있고, 부정적인 자세는 자녀에게도 전이되어 장차 사회뿐 아니라 부모의 부정적인 면들을 들추어내어 비난하게 될 것이다.

영원을 꿈꾸는
일은 멋지다

인간의 위로는 불완전하고 제한적이다. 인간의 위로를 구하는 사람이라면 그 요구는 절대 충족될 수 없으며 삶이

견딜 수 없이 힘들어지고, 고통스러워지는 순간 쉽게 허물어져 버릴 가능성이 크다.

경제학자들이 자본주의가 더 큰 위기에 처할 것이라고 예견한다. 이러한 위기는 많은 사람들의 삶을 바닥에 내팽개칠 것이며, 치열해져 가는 입시와 취업 경쟁은 우리 자녀들을 피할 구멍이 없는 궁지로 몰아가고 있다. 많은 사람들이 위로를 갈구하지만, 사람에게서 참된 위로를 찾을 수 없다.

사실 여부는 차치하고 영원한 삶, 즉 영생을, 불멸하는 영혼을 믿는 것이 좋을까? 아니면 이생이 마지막이라고 생각하고 살아가는 편이 이로울까? 아무리 생각해도 우리 삶이 이 땅에서 끝이 난다고 가르치는 것보다는 영혼의 존재를 믿고 사후 세계가 있다고 믿는 편이 우리 삶을 보다 인간답게 할 것 같다. 그래서 대부분 종교에서 사후 세계에 대해 말하고, 그 세계는 이생의 결과에 따라 영향을 받는다고 가르치고 있다.

하나님의 존재 여부나 내세, 영생에 대한 진위를 가리기 위한 목적으로 이 글을 쓰는 것이 아니기 때문에 더 이상의 논의는 하지 않겠다. 다만 기독교의 영생을 간략히 소개하는 편이 좋겠다. 물론 대부분 종교가 내세를 이야기하지만 내가 잘 아는 종교를 가지고 설명하고자 한다.

기독교는 죽음으로부터의 부활과 영원한 삶을 믿는다. 그리고 영원한 삶은 하나님과의 관계에 따라 천국에서의 삶과 지옥에서의 삶으로 나뉜다고 믿는다. 이 땅에서 비록 외롭고 힘들고 고통스러운 삶을 살더라도 구원을 받은 사람들은 죽음 이후에 영원한 행복의 삶을 살게 된다는 것이다.

그러므로 기독교 신앙에서는 가까운 사람들이 세상을 떠나더라도 그 영혼이 천국으로 먼저 갔고, 얼마 안 있어 우리가 천국에서 다시 만날 것이라고 설명한다. 그래서 그런지 기독교식 장례식은 슬픔보다는 희망과 기쁨이 넘칠 때가 많다. 그뿐만 아니라 시한부 환자들이 기독교 신앙을 받아들이고, 천국에 대한 소망을 품고 눈을 감는 경우도 많다. 내세에 대한 소망만큼 이 땅에서의 고통을 이길 수 있는 힘을 주고, 죽음에 담대하게 맞설 수 있도록 하는 것도 없다.

나는 자녀들을 친척은 물론 아는 사람의 장례식장에 자주 데려갔다. 빈소에서 조문하는 법을 가르치는 것보다는 유한한 삶 너머에 있는 영생을 설명하기 위한 것이었다.

"지혜자의 마음은 초상집에 있으되 우매한 자의 마음은 혼인집에 있느니라"(전도서 7:4).

우리의 고통을 사후 세계에서만 보상받는 것이 아니다. 순간순간 다가오는 두려움과 공포, 외로움을 영생에 대한 희망으로 다 해결할 수는 없다.

가수 윤복희 씨가 부른 〈여러분〉이라는 노래는 이렇게 끝을 맺는다.

"내가 만약 외로울 때면

누가 나를 위로해 주지?

……

여러분."

'여러분'이 과연 누구일까? 노래를 듣는 관객인가. 그들이 과연 외로울 때 위로해 줄 수 있을까? 그렇다면 자녀에게 있어 여러분은 누구일까? 부모나 친구일까.

정신없이 돌아가는 세상에서 아내가 남편의 외로움을, 남편이 아내의 외로움을, 그리고 부모가 자녀의 외로움을 제대로 헤아리지 못하는 게 현실이다. 나의 외로움을 제대로 알지 못하는 사람들이 어떻게 나를 위로해 줄 수 있을까? 결국 여러분의 위로를 기다리던 나는 아무의 위로도 얻지 못하고, 외로움에 쓸쓸히 소멸하고 말 것이다.

영생에 대한 믿음과 이 땅에서 우리의 아픔을 위로하고, 치유하시는 하나님에 대한 믿음은 우리 삶을 당당하게 해 줄 뿐만 아니라 두려워하고, 힘들어하는 사람들을 배려하고 섬기는 삶을 살 수 있도록 도와준다.

진정한 기독교인이라면 영원한 생의 주인이 되시는 하나님 앞에 선 자신의 모습을 돌이켜 보고, 끊임없이 자신을 하나님과 닮아 가게 하는 삶을 살아갈 것이다. 자녀에게 하나님께서 약속한 영원한 삶에 대한 소망을 전달함으로써 죽음을 포함한 어떠한 어려움에도 당당할 수 있도록 돕는다. 신앙을 통하여 힘든 세상에서 좌절하지 않고, 당당하게 이겨 낼 수 있도록 돕는 것이야말로 부모가 전혜 주어야 할 최고의 선물일 것이다.

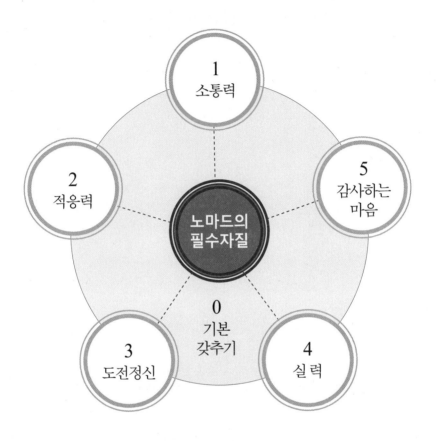

에필로그 - 아빠가 자녀를 세상에 던질 수 있다

엄마는 할 수 없지만
아빠는 할 수 있는 것

남자와 여자는 다르다. 오죽하면 '화성에서 온 남자, 금성에서 온 여자'라고 말하겠는가. 당연히 아빠와 엄마도 화성과 금성만큼이나 차이가 날 수밖에 없다. 단순히 남성성과 여성성이 다르다는 말이 아니다. 남녀는 자녀 양육 태도에 있어서 매우 큰 차이를 보이기 때문이다.

엄마는 보호 본능이 강해서 자녀를 위험에 내던지기를 주저하고 망설인다. 자녀를 거친 세상에 내놓는 것이 두렵기만 하다. 그래서 자신을 희생하고 심지어 소멸시키면서까지 자녀를 품에 안고, 필요한 모든 것을 제공하려고 든다.

그러다 보니 폐해가 많다. 자녀가 스스로 판단할 수 있는 능력이 있음을 인정하지 않고, 헬리콥터맘이 되어 자녀 주위를 맴돌거나, 잔디깎기맘이 되어 자녀의 사소한 일들까지도 나서서 도와주려고 한다. 때문에 성인이 되어서도 독립적으로 서지 못하고 마마보이, 마마걸이 되어 엄마의 보호 아래 머무는 연약한 자녀가 생겨난다.

불면 날아갈 듯 쥐면 꺼질 듯 금이야 옥이야 하며 조심스럽게 키우는 것이 엄마다. 자녀에게 닥칠 수 있는 어떠한 위험도 할 수만 있다면 다 막아 주고 싶어 한다. 그래서 옆집 엄마의 말에 귀 기울이며 자녀에게 부족한 것을 채워 주려고 늘 노심초사하는 것이다. 열 달 동안 임신하여 낳은 자녀의 고통은 자신의 고통과 동일시되며, 자녀의 실패는 곧 자신의 실패가 된다.

그러나 대부분 아빠는 다르다. 아빠는 자녀가 부모에게서 독립하여 당당하게 자신의 힘으로 서기를 바란다. 아빠 자신과 함께 달리고, 함께 싸우는 동지로서 성장해 주기를 초조하게 기다린다. 그리고 종내 어엿한 모습으로 성장하여 아빠의 품을 떠나는 것을 흡족한 시선으로 바라본다.

그렇기 때문에 자녀가 위험한 일에 도전하는 것을 기쁜 마음으로 지켜볼 수 있다. 오히려 더욱 어렵고 힘든 과업으로 자녀를 이끌기도 한다. 아예 실패를 하지 않는 것보다 실패의 경험을 통해 더욱 단련되고 강해지기를 바란다. 그래야만 부모의 품을 떠나 당당한 성인으로서 사회의 일원이 될 수 있음을 알기 때문이다.

노마드대디는 세상이라는 들판에서 온갖 시련과 역경을 다 맞아 본 사람이다. 그 시간이 힘들고 괴롭다는 것을 누구보다도 잘 알고 있지만, 그 덕분에 깊은 삶의 지혜를 얻고 삶의 지경이 넓은 사람으로 성장할 수 있다는 것 또한 잘 알고 있다. 따라서 자녀가 세상에 홀로 서야만 온전한 성인으로 자랄 수 있음을 알고 지지하는 것이다.

세상은 바뀌고 있다. 아기가 엄마 품속에 있는 순간에도 세상은 변하고 있다. 책상에 앉아 책 속의 지식을 배우고 있는 시간에 그 지식이 무용한 과거의 지식이 되어 버리는 세상에 살고 있다. 매일 혁신이 쏟아지고 있고, 상식을 뛰어넘는 변화가 매 순간 일어나고 있다. 혼자 제자리에 앉아서는 도저히 알 수 없고 해결할 수도 없는 문제들이 쏟아지고 있다.

노마드의 세계는 변화무쌍한 세상이다. 이런 세상에서 엄마와 아빠의 서로 다른 양육법 중에 어느 쪽이 도움이 될 것인가. 비교해 보고 판단할 일이다.

엄마는 자녀가 잔디밭에서 놀기를 원하지만,

아빠는 자녀가 나무 위에 올라가기를 권한다.

엄마는 자녀가 망아지를 쓰다듬기를 원하지만,

아빠는 자녀가 망아지 위에 올라타기를 권한다.

엄마는 자녀가 불장난하는 것을 금하지만,

아빠는 자녀와 함께 불장난을 한다.

엄마는 자녀가 돌을 못 던지게 하지만,

아빠는 자녀와 함께 돌을 던지며 논다.

엄마는 자녀가 상처가 난 것을 가슴 아파하지만,

아빠는 상처의 아픔을 잘 참아 내는 모습을 대견하게 생각한다.

엄마는 자녀가 추운 날씨에 집에 있기를 원하지만,

아빠는 자녀가 추위를 이기고 뛰어다닐 것을 권한다.

엄마는 자녀가 물가에서 안전하게 놀기를 원하지만,

아빠는 자녀를 물속에 집어넣으며 즐거워한다.

엄마는 자녀가 아프면 누워 있기를 원하지만,

아빠는 아파도 참고 일어서라고 말한다.

엄마는 자녀에게 어려운 일을 하지 말라고 하지만,

아빠는 어려운 일일수록 도전해 보라고 부추긴다.

엄마는 자녀에게 세상은 위험하다고 가르치지만,

아빠는 세상은 가능성으로 가득 차 있다고 가르친다.

엄마는 자녀에게 너는 내 거야라고 말하지만,

아빠는 자녀에게 너는 네 거야라고 가르친다.

모든 아빠와 엄마가 다 이런 것은 아니다. 엄마와 같은 아빠도, 아빠와 같은 엄마도 있다. 그러나 아빠들에게 더욱 강한 메시지를 전달하려다 보니 지나치게 단순화한 면이 있을 수 있다. 이 점에 대해 엄마들에게 사과의 마음을 전한다.

말 위에서 꾸는
노마드대디의 꿈

변화무쌍한 노마드 시대라고 해도 과거보다는 예측이 가능한 시대인 것이 사실이다. 예전에는 과학이 발달하지 않아서 세상에 대한 이해가 부족했고, 전 세계적으로 일어나는 일들을 다 알 수가 없었다.

그러나 오늘날은 세상에서 일어나는 일들에 대한 소식을 실시간으로 접할 수 있고, 일어나는 현상에 대해 과학적으로 설명할 수 있는 시대다. 전 세계의 많은 정보가 인터넷을 통해 거의 실시간으로 교류되고 있기 때문에 전혀 예상치 못한 환경에 놓일 가능성은 점점 줄어들고 있다. 조만간 닥칠 새로운 환경에 대해 호기심을 갖는다면 그에 대한 정보를 미리 찾아볼 수 있고, 적응하는 방법도 충분히 얻을 수 있으니 호기심은 적응력을 갖추는 데 좋은 동기가 될 수 있다.

여기서 말하는 호기심이란 특정 사안에 대한 호기심이 아니라 미래에 대한 지속적인 호기심을 가리킨다. 마음에 드는 일이나 좋아하는 사람을 만나는 일에 호기심을 가지기는 쉽지만 예기치 못한 일들이 일어날 수 있다는 사실에 호기심을 가지기는 쉽지 않다.

노마드의 세계에서는 자신이 좋아하지 않는 일이나 좋아하지 않는 사람과도 만나야 하는데, 이런 때에 호기심으로 대할 수 있어야 한다.

매사에 눈을 반짝이면서 호기심으로 대하는 사람이 있다. 말괄량이 삐삐나 톰 소여, 허클베리 핀 같은 소설의 주인공들이 그러하다. 이런 사람들은 우리 주변에서도 찾아볼 수 있다. 이들은 어떠한 환경에 주어지더라도 전에 겪어 보지 못했던 경험을 즐기고, 새로운 정보를 배우는 것을 재미있어한다. 단순하고 반복적인 일을 지겨워하며, 힘들고 어렵더라도 변화를 추구하는 사람들이다. 항상 유쾌한 자세로 새로움을 즐기는 이런 사람이야말로 변화무쌍한 노마드 시대의 승리자가 될 수 있다.

그러므로 노마드대디는 자녀가 어릴 적부터 새로운 일에 대한 호기심을 가질 수 있도록 자극한다. 예측하지 못할 상황들을 연출하여 자녀가 깔깔거리며 웃게 만들고, 다음에 일어날 일을 기대할 수 있도록 만드는 것이 호기심을 기르는 좋은 방법이다.

또한, 집보다는 자연 안에 새로움이 훨씬 더 많기 때문에 자녀의 손을 잡고 주거지를 탈출하여 자연 속으로 들어가는 것이 필요하다. 다양한 경험을 통하여 자녀가 눈을 반짝이며 새로움을 기대하는 아이로 자라도록 하는 것이 노마드대디가 해야 할 중요한 일 중 하나다.

말을 타고 집을 떠나는 노마드대디의 머릿속에는 꿈이 있다. 엄마 품에서 새록새록 잠든 아기가 걸음마를 하고, 달음질을 하고, 어느덧 아빠의 손을 잡고 말에 오르는 꿈이다. 아이가 어엿한 노마드가 되어 아빠와 함께 넓은 들판을 달려 미지의 세계를 향해 함께 질주하는 꿈이다. 넓은 평원 너머에 있는 엄청난 가능성의 세계로 자녀와 함께 나아가는 것이 꿈이다. 아빠 없이 혼자서 미래를 향해 도전하는 노마드키즈의 모습을 보는 것이 꿈이다. 조만간 역사의 뒤안길로 물러날 노마드대디의 뒤를 이어 평원을 호령하는 노마드키즈가 생생히 그려지는 그런 꿈을 꾼다.

그렇기에 노마드대디의 출발은 외롭지가 않다. 시시각각 다가오는 변화의 물결에 제대로 대응하지 못한 채 불안에 떠는 정주민 사회를 지나는 노마드대디의 가슴은 미래에 대한 꿈과 새로운 가능성에 대한 기대로 가득하다.

과거 세상을 들끓게 했던 노마드들이 있었다. 유라시아를 호령했던 몽골이 있고, 전 세계 바다를 휩쓸던 영국과 네덜란드의 뱃사람들이 있다. 오늘날 전 세계에서 가장 큰 영향력을 행사하는 민족은 유태인과 중국인이다. 두 민족의 공통점은, 필요하다면 세계 어느 곳이나 찾아간다는 것이다.

지금은 노마드의 시대다. 현관을 나서기도 두려워하는 폐인, 동네 어귀를 벗어나면 큰일 나는 줄 아는 우물 안 개구리, 우리나라를 떠나면 죽는 거로 아는 정주민은 노마드의 시대를 견딜 수 없다. 스스로 불행할 뿐만 아니라 가정과 사회도 어렵게 할 것이다.

급변하는 변화의 시대를 책상머리에만 앉아있는 이들은 따라잡지 못한다. 학원의 일방적인 지식 전수에 목을 매는 암기 전문가들은 무용지물 인물이 될 것이다. 학교, 학원, 집을 전전하며 세상과 담을 쌓는 엄친아에게 노마드 세계의 변화 물결은 공포의 대상이 될 것이다.

예측하기 힘든 미래를 성공적으로 대처하는 길은 호기심과 자신감이다. 변화하는 세상을 호기심 어린 눈으로 바라보고, 여기저기서 튀어나오는 새로운

도전을 즐기며, 실패를 통해 오히려 강해지는 노마드키즈야말로 미래의 희망이
다.

좁은 지역에서 성공적으로 살아가는 방법은 상대를 눌러 이기는 것이지만,
넓은 세상에서 성공적으로 살아가는 방법은 더 큰 미래를 향해 나아가며 새로
운 가능성을 개척해 내는 것이다.

노마드대디는
연대하여 달린다

몽골제국이 서양 문명에 강렬한 충격
을 준 데에는 여러 가지 요인이 있다. 옛 노마드의 수평적 사고와 강인한 기질
도 있지만, 무엇보다 중요한 것은 획기적인 시스템의 개발이었다. 정주민의 수
직적인 사고에서 나오는 빈곤한 상상력을 일거에 제압하는 것이었다.

로널드 래섬Ronald Latham은 《마르코 폴로 여행The Travels-Marco Polo》 서문에서
이렇게 썼다.

"커뮤니케이션이 칭기즈칸의 권력의 핵심이었다. 주요 도로를 따라 세워진 역참(驛站) 조직이 정보의 신속한 이동을 가능하게 해 주었다. 몽골인들은 인터넷이 발명되기 7세기 전에 전 세계적인 커뮤니케이션 네트워크를 계획해 놓은 것이다."

마르코 폴로는 《동방견문록》에서 몽골제국의 수도 칸발리크 • 를 중심으로 뻗어 나갔던 도로망에 대해서 이렇게 기술하였다.

"사신이 칸빌리크를 떠나 약 40킬로미터 정도를 달려가면 역로의 종점에 도착하는데, 종점마다 역참이 설치되어 있다. 역참에는 사신이 묵을 여관과 말 3~4백 마리가 늘 준비되어 있었다. 주요 도로에는 40~50킬로미터마다 이 같은 역참이 배치되어 있었다. 사신이 가는 곳마다 숙소와 말이 준비되어 있어 여행에 불편이 없었다.

칸에게 보고될 문서를 가져가는 파발은 폭이 넓은 띠를 매고, 띠 둘레에 많은 방울을 달아매고 있었다. 이들이 도로를 달려오면 멀리서도 방울 소리가 들렸다. 계속 전속력으로 달리는데 5킬로미터만 달리면 되었다. 5킬로미터마다 다른 파발이 만반의 채비를 갖추고 기다리고 있었기 때문이다."

• 지금의 베이징

이들이 급보를 가지고 질주할 때면 아무도 이들을 지체시키거나 막아설 수 없었다. 파발은 한숨도 자지 않고 릴레이식으로 낮이나 밤이나 달려서 소식을 전하곤 했다.

옛 노마드가 조직적으로 시스템을 구축하여 놀라운 사회를 이룩해 냈듯이 현대 노마드는 연대하여 주도적으로 사회를 변화시켜 나갈 수 있다.

이에 나는 노마드대디의 연대를 제안하고자 한다.

첫째, 아빠들이 함께 모여, 이미 우리의 삶을 위협하고 있는 노마드 시대를 연구하자.

둘째, 노마드 시대에 필요한 노마드 교육에 대해 공부하자.

셋째, 노마드대디가 가져야 할 자질을 고민하고, 자질을 키우고, 향상시키는 방법에 대해 함께 논의해 보자.

연대하여 자녀를 노마드키즈로 양육할 수 있는 프로그램을 생각해 볼 수 있다. 부자간, 부녀간에 함께하는 축구 경기를 개최해도 좋다. 아빠들과 함께하는 단체 산행도 좋다. 온 가족이 함께하는 캠핑대회도 좋고, 다양하게 어울릴 수 있는 축제도 좋다.

주변에 프로그램을 위한 공간과 시설이 부족하다면 정부에 요구도 할 수 있다. 자녀들이 행복하게 뛰어놀 수 있고, 노마드의 꿈을 키울 수 있는 공간과 시설도 요구해야 한다. 이것은 연대의 힘을 통해 이룰 수 있는 것이다.

그리고 아빠들의 도발을 불안한 시선으로 바라보는 엄마들의 염려를 잠재울 수 있도록 해야 한다. 책상에 앉아 공부하는 것만이 성공의 유일한 길인 양 생각하는 엄마들의 고정관념을 바꾸어 줄 수 있는 프로그램의 개발도 필요하다.

더욱 중요한 연대의 행위는 어쩔 수 없는 이유로 자리를 비워야 하는 많은 아빠들의 빈자리를 채워 주는 일이다. 가정이 깨어지거나 아빠의 건강이 좋지 못하거나 아빠의 삶의 정황이 자녀들과 함께하기 힘든 경우가 있다. 이제 여유 있는 노마드대디들이 이러한 가정에서 자라나는 아이들을 훌륭한 노마드로 키워 내기 위해 연대해야 한다. 이를 위해서는 함께하는 지역 주민들의 공동체 의식과 동지 의식이 필요하다. 지역사회에서 아빠의 부재로 고통당하는 아이들을 파악하여, 연대한 노마드대디들이 그들과 함께할 수 있는 프로그램을 함께 개발해야 한다.

전국적으로 노마드대디 모임을 만들자. 공부에 찌든 아이들을 자연으로 초대하며, 움츠린 가슴을 펴게 만드는 노마드대디의 진군이 시작되어야 할 때다. 아빠의 부재 속에 위축되거나 그릇 나가는 아이들이 없도록 아빠의 넉넉한 품을 대신 내어 줄 수 있는 노마드대디의 연대가 어느 때보다 필요하다.

거침없이 밀어닥치는 정보통신기술의 쓰나미 속에서, 할 수 없이 내몰리는 노마드 시대에 우리 자녀들을 미래의 주역으로 만들기 위한 노마드대디의 연대를 꿈꾸며 글을 마친다.

좁은 지역에서 성공적으로 살아가는 방법은

상대를 눌러 이기는 것이지만,

넓은 세상에서 성공적으로 살아가는 방법은

더 큰 미래를 향해 나아가며

새로운 가능성을 개척해 내는 것이다.

■ 이 도서의 국립중앙도서관 출판예정도서목록(CIP)은 서지정보유통지원시스템 홈페이지(http://seoji.nl.go.kr)와
국가자료공 동목록시스템(http://www.nl.go.kr/kolisnet)에서 이용하실 수 있습니다. (CIP제어번호 : CIP2015033708

초판 1쇄 발행 2015년 12월 18일

지은이   황영헌

펴낸 이   박종태
펴낸 곳   비전북
출판등록   2011년 2월 22일 제396-2011-000038호

주소   경기도 고양시 일산서구 송산로 499-10(덕이동)
전화   (031)907-3927
팩스   (031)905-3927
이메일   visionbooks@hanmail.net

책임편집   김지연
디자인   See-Saw
마케팅   강한덕, 임우섭
관리   정문구, 맹정애, 강지선, 김병수, 김기범
인쇄 및 제본 예림인쇄

공급처   ㈜비전북
전화   (031)907-3927
전화   (031)905-3927

ISBN 979-11-86387-10-8 03190

*잘못된 책은 바꾸어 드립니다.
*책값은 뒤표지에 있습니다.